会計学の地平

友岡 賛

泉文堂

◀◀ 緒　　言 ▶▶

　今夏は久方振りにスコットランドはグラスゴーに行ってきた。

　初めてグラスゴー中央駅に降り立ったのは1990年の秋のことだった。それから2年間，グラスゴー大学の研究室で書いていたのが初著『近代会計制度の成立』だった。爾後，30年近い間，色々な本を書いてきた。いや，一見，色々とはいえ，畢竟，同じことを考え，書いてきたのかもしれない。初著を書いていた頃の自分を想起しつつ，25冊目の本書を書きつつ，本書の装釘にグラスゴー大学の写真を用いることとし，今夏の渡蘇はその撮影を目的の一つとした。

　本日，慶應義塾は三田キャンパスにて学位授与式が行われ，教職員代表祝辞を行う機会をもった。

　「通常，この手の祝辞におきましては，学位の取得をお祝いするとともに，しかしながら，学位の取得は研究者にとってほんの一里塚にしか過ぎず，研究者として漸くスタートラインに立ったに過ぎず，研究者としての真価が問われるのはこれからで，気を緩めることなく精進して下さい，などといったことをいうべきかもしれませんが，しかし，私としてはそうしたウルサイことをいうつもりは毛頭ありません。学問の道は辛く険しい，などといったことをいうつもりもありません。この祝辞におきましては，研究者の道がいかに大変なものか，といったことではなく，その道がいかに楽しいものであるか，ということを確認し，これからの

バラ色の研究者人生に心を躍らせて頂けるような話をしたいと思います」。

　自らを省みるに,「バラ色の研究者人生」においてそれなりに仕事をしてきたと思う一方,上述のように,グラスゴー留学の頃から「畢竟,同じことを考え,書いてきたのかもしれない」とも思うが,その「同じこと」とは,要するに,会計と会計学のレーゾン・デートルは奈辺にあるのか,ということであって,この『会計と会計学のレーゾン・デートル』は前々々著のタイトルだった。その前々々著には「本書の趣旨は『会計と会計学のレーゾン・デートル』というタイトルに言い尽くされている」[1]と記したが,前々々著のみならず,筆者の仕事は「『会計と会計学のレーゾン・デートル』というタイトルに言い尽くされている」といってもよく,できることなら,すべての友岡著を『会計と会計学のレーゾン・デートル』としたい[2]ところながら,しかし,そういうわけにもゆかないため,本書は『会計学の地平』とした。

　なお,本書には「……と考えたい」,「……に拘りたい」,「……では面白くない」などといったおよそ学術書らしからぬ述べ方が多くみられるが,この手のものは意図的なものであって, あ・え・て・そうしている。このことについて「ご宥恕を」といったことをい

1　友岡賛『会計と会計学のレーゾン・デートル』2018年,1頁。
2　下記の論攷もある。
　友岡賛「会計と会計学のレーゾン・デートル」『企業会計』第71巻第1号,2019年。

うつもりは毛頭ないが,「あえて」であることはこれを「あえて」記しておきたい。

　2019 年 9 月 17 日,三田山上にて

友岡 賛

≪引用について≫

　原文における（　）書きや太文字表記や圏点やルビの類いは，原則として，これを省略した。したがって，引用文におけるこの類いのものは，特に断りがない限り，筆者（友岡）による。

　また，引用に際して，旧字体は，原則として，これを新字体に改め，促音や拗音の類いが小文字表記されていない場合は小文字表記に改め，漢数字は多くの場合，算用数字に改めるなどの加筆を施している。

◀◀ 目　　次 ▶▶

緒言　*1*
引用について　*4*

第1章　会計学の地平 …………………………… *9*

地平の劃定がもたらすもの　*11*
地平の内外(うちそと)　*12*
会計の前提　*13*
連結会計主体論　*14*
種々の［○○説 vs. □□説］　*16*
オン・バランス化と諸説　*18*
会計の方法についての諸説　*21*
会計の方法についての諸説（続）　*22*
会計学の地平　*24*

第2章　拡大された概念の存在意義 ……………… *27*

エドワーズの通史　*29*
第2版にならなかった新通史　*32*
代理理論　*35*
新通史の概要　*38*
「stewardship」概念の拡大　*41*
新通史の代理理論　*46*
拡大された概念の存在意義　*52*

第3章　実践と理論……………………………………55

　　管理会計史の起点　*57*
　　アメリカ　*62*
　　管理会計と管理会計論　*65*
　　会計の機能の再発見　*73*

第4章　取得原価主義会計論への固執……………*77*

　　稀有の『取得原価主義会計論』　*79*
　　取得原価主義の論拠としての客観性の類いの属性　*81*
　　取得原価主義の2種の論拠　*83*
　　取得原価数値の特長的属性　*84*
　　「実現」概念　*90*
　　受託責任（stewardship）　*93*
　　会計学は取得原価主義会計論なのか　*99*

第5章　会計責任と監査……………………………*101*

　　会計責任と監査　*103*
　　受託責任と会計責任と監査　*110*
　　会計責任と監査人の独立性　*118*

第6章　意思決定有用性アプローチの功罪……*123*

　　劃期，革命，あるいは地殻変動　*125*
　　慣行遵守から意思決定有用性へ　*126*
　　意思決定有用性アプローチと実証研究　*132*

会計理論における［信頼性 → 目的適合性］　*136*
理論の意義　*138*

第7章　会計主体論の存在意義 ……………………… *141*

会計主体論の存在意義を問う　*143*
［資本主説 vs. 企業主体説］　*146*
代理人説　*151*
主体論の規定するもの　*153*
会計主体論と論理　*156*

第8章　無形資産会計論の存在意義 ……………… *161*

「無形資産」の定義　*163*
不確実な固定資産　*164*
無形資産会計論の意義　*168*
暖簾をめぐる議論　*172*

第9章　会計の終焉と会計学者の責任 ………… *181*

会計の終焉，あるいは再生　*183*
会計情報以外の情報，あるいは非財務情報　*188*
会計学者は責任を問われるのか　*192*
有用性と信頼性　*196*

文献リスト　*201*
索引　*213*
著者紹介　*218*

第1章

会計学の地平

　会計学の仕事の範囲について考える。会計学的な考え方をもって規定されるものとそうではないものの線引きについて考える。

地平の劃定がもたらすもの　*11*
地平の内外（うちそと）　*12*
会計の前提　*13*
連結会計主体論　*14*
種々の［○○説 vs. □□説］　*16*
オン・バランス化と諸説　*18*
会計の方法についての諸説　*21*
会計の方法についての諸説（続）　*22*
会計学の地平　*24*

**地平の劃定が
もたらすもの**

「地平」とは，事物を考察する際の視界，すなわち考察に際してみることのできる範囲，あるいは思考のおよぶ範囲，といったものだろうが，本章は会計ないし会計学の地平をもって劃定する。

これは，会計ないし会計学に対する期待ギャップの解消，といってもよい。期待ギャップは期待に応えていない場合ばかりか，期待が誤っている（大き過ぎる）場合にも生ずるが，後者は例えば「会計は，単なるカネ勘定であってカネ儲け（経営）ではない」*1* といったようにされる場合の「単なる」に含意される。ただし，例えば監査に対するこの手の期待ギャップ，すなわち「利害関係者は，企業と監査人との継続的関係から，監査人は企業の実際に精通していることが当然であるとし，監査人は単に「財務諸表の監査人」であるにとどまらず，「企業の監査人」という社会的イメージを形成し」*2* てしまう*3* ことによる期待ギャップの場合については，監査人は「単に「財務諸表の監査人」である」ということ，すなわち，監査はこれが単なる会計の適切性のチェックであって経営の適切性のチェックではない，ということを知った*4* 世間が監査の役立ちの少なさに驚き，会計プロフェッ

---

1 友岡賛『なぜ「会計」本が売れているのか？』2007年, 50頁（（ ）書きは原文）。
2 森實「社会的期待とゴーイング・コンサーン監査」『會計』第136巻第3号, 1989年, 4頁。
3 経済紙においてさえ，次のような記述がみられる。「……の倒産では，外部監査人が財務報告に「適正」との意見を出し続け，投資家に経営状況への警鐘を発さなかった」（『日本経済新聞』第47614号, 2018年, 朝刊18面）。
4 ただし，これは企業破綻の際のディープ・ポケット・シンドローム↗

ションの存在意義の小ささに驚き，これを知った会計プロフェッションが慌てて継続企業監査を導入するに至った，といった穿った見方があろうが，会計ないし会計学についても，その地平が劃定されることによって「単なる」であることが知られ，世間がその役立ちの少なさに驚くこととなるかもしれない。

地平の内外（うちそと）　　説というものについて思量する。「説」とは，考え方，のことであって，いずれの学問領域にも，[○○説 vs. □□説] などといった論がみられよう。

　会計学の対象は会計という行為であって，会計という行為の対象は企業における経済事象・経済状態だが，「会計は事業の言語である」とよくいわれ，こうした理解によれば，会計は企業における経済事象・経済状態を表現して人に伝える行為として捉えられ，その場合，会計において表現されたものは財務諸表にまとめられる，ということになる。また，こうした会計における表現は「写像」という概念でも捉えられ，すなわち，「会計は写像である」ともよくいわれ，写像とは，対象物を写し取って描き出すこと，だから，会計についていえば，企業における経済事象・経済状態を写し取って描き出すこと，であって，写し取って描き出されたもの，すなわち写体は財務諸表に描き出される[5]。

↘ に困却した会計プロフェッションの啓蒙活動による，といった穿った見方があろう。

5　下記のものも参照。
　友岡賛『会計学原理』2012 年，92〜93 頁。
　友岡賛『会計学の基本問題』2016 年，64〜68 頁。

「表現」するためには,あるいは「写像」するためには対象について考え,知らなければならない。適切な「表現」方法を選択するためには,あるいは,適切な「写像」方法を選択するためには,といった方がよいかもしれない。例えばデリバティブの会計でも,リースの会計でも,何でもよいが,「表現」ないし「写像」の対象であるデリバティブ,あるいはリースについて考え,知り,そして適切な方法について考える,という営為が会計学であり,そうした「考え」についてときに種々の「考え方」があり,すなわち○○説や□□説といった種々の「説」がある。「表現」ないし「写像」の方法,すなわち会計の方法における説は,むろん,会計学の地平の内にあるが,対象についての説はどうだろうか。

会計の前提　　会計の前提は会計学が考えるのか。

会計の前提にかかわる論の一つに会計主体論[6]があり,そこには資本主説,代理人説,企業主体説,企業体説などといった種々の説がある。この会計主体論は,畢竟するに,企業とは何か,という論である。

前述のように,会計の対象は企業における経済事象・経済状態である。したがって,企業というものをどうみるか,という問題,すなわち企業観の問題は会計の前提の問題である。この企業観の問題は種々の学問領域において論じられるが,これを会計学において扱う場合,これを論ずることを「会計主体論」といい,また,

---

6　第7章を参照。

この会計主体論は，会計において行われる種々の判断の最終的なよりどころ，について云々することとして捉えられる。別言すれば，会計はどのような観点から行われるのか，ということであって，これは，会計の目的をどうみるか，という会計の目的観の問題に直結する。

如上の会計主体論には，前述のように，種々の説があるが，それらは会計学の地平の内にあるのか。

企業は資本主のものである，とする説，あるいは，経営者は資本主の代理人である，とする説，あるいは，企業は誰のものでもない，とする説，あるいは，企業は種々の利害関係者のものである，とする説の類いはおよそ会計学をもってもたらされるものではなく，すなわち会計学的な考え方の所産ではなく，会計学上の説には非ず，といえようし，また，資本主説，代理人説，企業主体説，企業体説等々のいずれを採るべきか，という論も会計学の地平の内にはない。

会計学が担う論は，○○説が採られた場合の会計はどうなるか，ということであって，例えば企業主体説が採られた場合には自己資本と他人資本が同様に扱われる，あるいは，企業主体説が採られた場合には配当も費用として捉えられる，あるいは，企業体説が採られた場合には支払利息や給与も利益の分配として捉えられる，といったことが会計学をもって示されることとなる。

連結会計主体論　連結会計の場合はどうだろうか。連結会計にも「連結会計主体論」と称される論があるが，これは叙上のような会計主体論と同様のものだろうか。

連結会計主体論には資本主説,実体説,親会社説,親会社拡張説があり,また,[親会社説vs.経済的単一体説] という議論がある。

資本主説は前項に述べられた会計主体論における資本主説を連結会計へ適用したものとされ,実体説はこれも会計主体論における企業主体説を連結会計へ適用したものとされ,他方,親会社説と親会社拡張説は,会計主体論とは関係なく,連結会計の実践をもって説明し,正当化するために展開されたものとされ,ただし,連結会計の実践の主柱は親会社説であり,これとvs.の関係あるものとして位置付けられるものが実体説とされる。親会社説は,連結財務諸表は親会社が親会社の株主のために作成する,とする一方,実体説は,連結財務諸表は「支配株主のみならず,少数株主をも含めた・企・業・集・団・自・体・のために」[7]作成される,とするとされる[8]。

他方,[親会社説vs.経済的単一体説] については「親会社説のもとでは,連結財務諸表は親会社の株主のために作成されるものとして位置づけられ,したがって会計上の判断も親会社の株主の観点から行われ……これに対し経済的単一体説は,連結財務諸表が支配株主たる親会社と非支配株主の両方を含めた企業集団の利害関係者のために作成されると解釈し,会計上の判断も・企・業・集・団・全・体・の・出・資・者・の観点から行う」[9]とされる。

けだし,実体説と経済的単一体説は同様のようでありながら,

---

7 武田隆二『連結財務諸表』1977年,77頁。
8 同上,65〜77頁。
9 桜井久勝『財務会計講義(第19版)』2018年,329頁。

ただし,「企業集団自体のために」はこれが企業主体説を想起させるのに対し,「企業集団全体の出資者の観点」は企業体説をもって想起させる。また, 会計主体論はこれが, 企業とは何か, という企業観の論であるのに対し, 連結会計主体論は果たして, 企業集団とは何か, という企業集団観の論といえようか。前述のように, 会計の対象は企業における経済事象・経済状態であり, したがって, 企業観の論は会計の対象について知るための論といえようが, 連結会計主体論は, けだし, そうではない。連結会計主体論は, 対象について知るための企業集団観の論ではなく, 連結会計の目的の論であり, したがって, 前述のように, 会計主体論はこれが会計学の地平の内にはない一方, 連結会計主体論はこの地平の内にあるといえようか。

**種々の
[○○説 vs. □□説]**

往年の定番テキスト[10], 飯野利夫の『財務会計論』は[○○説 vs. □□説]の類いにもかなり言及していることを特長の一つとしているが, まずは同書を手掛かりに種々の論点における種々の説をもって俎上に載せてみるに, 例えば株式配当については株式分割説と利益配当説があり, 自己株式については資産説と資本減少説があり, 社債発行差金については前払利息説と評価勘定説があり, 社債の借り換えについては特別損失説と繰延経理説がある[11]。

---

10 友岡『会計学原理』15 頁。
友岡賛『会計学の考え方』2018 年, 36〜38 頁。
11 飯野利夫『財務会計論(3訂版)』1993 年, 4-22〜4-24, 8-12, 9- ↗

株式配当については株式分割説と利益配当説があり，未処分利益の資本金への振り替えを意味する株式配当は，したがって，株主の持ち分には変動がないため，株式分割と同じ，とする株式分割説はこれが会計学における多数説とされ，他方，かつての商法にあっては株式分割説とともに利益配当説があり，これは，まずは現金による配当がなされ，その現金による払い込みを受けて株式が発行された，と考えるものであり，こうした［会計学 vs. 商法（学）］ないし［（会計理論の代表としての）企業会計原則 vs. 商法（会計）］の議論はかつて繁くみられたが，「商法会計」と称される会計は会計学の地平の内にあるのか。

自己株式については資産説と資本減少説があり，かつては商法は資産説，会計学における多数説は資本減少説とされていたが，かつての商法は自己株式の取得を厳しく制限していたがゆえの資産説であって，他方の資本減少説はこれが会計学的な捉え方によるものといえるだろうか。

社債発行差金については前払利息説と評価勘定説があり，前払利息説は企業会計原則によって採られ，かつて社債発行差金が繰延資産とされていたのは前払利息説によっていたが，この説を批判する評価勘定説については，負債の計上は，資産の場合と同様，

↘ 17～9-19 頁。

　山下正喜「有価証券の原価集合」武田隆二（編）『財務会計の論点』1981 年，74～75 頁。

　井上良二「繰延資産の原価集合」武田隆二（編）『財務会計の論点』1981 年，89～90 頁。

　千葉準一「資本会計論」武田隆二（編）『財務会計の論点』1981 年，190～191，194～195，202～203 頁。

その取引額をもって行われるべき、とする論拠が「会計理論の上からは……とくに重要である」[12]とされる。会計処理について述べる評価勘定説は会計学の地平の内にある一方、社債発行差金というものの性格について云々する前払利息説はこの地平の外にあるともいえようが、利息という費用の期間配分といった観点に鑑みれば、これも内にあるともいえようか。また、前払利息と捉えたものをもって繰延資産とするのか、あるいは前払費用とするのか、という論については言を俟たない。

社債の借り換えについては特別損失説と繰延経理説があり、償還期限前に行われた借り換えの場合、旧社債の発行コストの未償却残高を借り換え時にすべて償却すべき、とする特別損失説がある一方、社債の借り換えは新社債の方が資金調達コストが小さくなるからこそ行われるため、旧社債にかかわる未償却残高も新社債のコストと捉える繰延経理説がある。前者の根拠は保守主義以外にはないとされ、旧社債の償還期間の残余にわたって償却する繰延経理説が妥当とされているが、保守主義の原則が会計の原則の一つとして存する以上、前者は会計学の地平の内にあり、資金調達コストという費用の期間配分を意図する後者はこれもこの地平の内にある。

オン・バランス化と諸説

リースについては「リース取引の本質を会計的にどう捉えるべきか」[13]について割賦購入説、財産使用権取得説、および未履行

---

12 飯野『財務会計論（3訂版）』8-12頁。
13 藤井秀樹『入門財務会計（第3版）』2019年, 246頁。

契約取引説があるとされ,割賦購入説は,ただし,該資産の所有権の実質的な移転をもってオン・バランス化の要件とし,所有権の移転はこれをオン・バランス化の要件とはしない財産使用権取得説は,ただし,リース契約の開始時,該契約が完全未履行契約である状況における使用権の取得の説明が課題とされ,未履行契約取引説は,要するに,未履行契約であっても,会計情報の有用性を高めるためにオン・バランス化,という主張にほかならない[14]が,これらは果たして「リース取引の本質を会計的にどう捉えるべきか」の論なのだろうか。

　割賦購入説と財産使用権取得説については「既存の企業行動や会計実務との類似性（整合性）を論拠とする」[15]ともされているが,例えば,割賦購入との類似性に鑑み,割賦購入の処理との整合性を得るためにオン・バランス化する,ということか。オン・バランス化するために類似性を探している,ということはないのか。あるいはまた,類似は,類似であって,同一ではないが,実質優先の原則によって同一視されるのか。実質的には同一,とされるのか。他方,「会計的に……捉える」とはどういうことか。例えば,割賦購入との類似性に鑑みる,ということはこれが会計的な捉え方なのか。

　オフ・バランス項目のオン・バランス化といえば,退職給付もその例に挙げられようが,「退職給付会計」と称される制度の行き方は,退職一時金のみについて退職給与引当金を設ける,というかつての行き方とは違い,「退職給付の本質を「賃金の後払

---

[14] 同上,246〜247頁。
[15] 同上,246〜247頁（（　）書きは原文）。

い」とみる賃金後払説の立場から退職一時金と退職年金を同質の支出とみなし」[16] 退職年金のオン・バランス化を行うものであり，これは実質優先の原則に依拠するものとされる[17]。

　退職給付の捉え方については賃金の後払い説，功労報酬説，退職後の生活保障説等が挙げられようが，賃金の後払い説の採用と実質優先の原則と「同質の支出とみな」すことはどのような関係にあるのか。実質優先の原則と「同質の支出とみな」すことの関係は，実質は「同質」だから，ということだろうが，賃金の後払い説以外の説が採られた場合はどうなるのだろうか。また，賃金の後払い説の選択は会計学の地平の内にあるのだろうか。

　そもそも実質優先の原則とは何か。この原則の採用は会計学の地平の内にあるのか。この原則は，畢竟するに，実質をこそオン・バランス化すべき，ということだろうが，実質を見極めるのは誰の仕事か。この仕事は会計学の地平の内にあるのか。

　実質優先の原則といえば，前出の連結会計もこの原則をもって説かれ，連結の範囲の決定における支配力基準もこの原則をもって説かれ[18]，あるいはまた，発生主義についても「実質に着目して，発生主義によって収益費用を計算するという原則」[19] としてこの原則をもって説く向きもある[20] が，近代会計，現行の会計

16　同上，254頁。
17　同上，253〜254頁。
18　友岡賛『会計学はこう考える』2009年，217〜220頁。
19　大日方隆「発生・実現・対応」斎藤静樹，徳賀芳弘（責任編集）『体系現代会計学［第1巻］　企業会計の基礎概念』2011年，250頁。
20　同上，250頁。

はこれが一般に「発生主義会計」と称されることに鑑みれば，この原則は現行会計の根幹にあるのか。

会計の方法についての諸説 以上において俎上に載せた諸説はまずは会計の対象についての説だったが，むろん，会計の方法についても諸説があり，この諸説は二つに大別できようか。

一つは，先述のように，会計の対象についての説に規定される会計の方法についての説であり，これは［対象の捉え方 → 方法の選択］という関係であって，例えば会計の対象について○○説が採られた場合の会計処理はA法，会計の対象について□□説が採られた場合の会計処理はB法といった関係にあるものであり，他方，いま一つは，対象の捉え方は同様ながらも存在する複数の方法，という諸説であり，例えば暖簾の処理については非償却説，要償却説，再評価説，利益比例償却説等がある[21]。

非償却説は，暖簾は減価するものの，減価は自己創設暖簾が生ずることによって補填され，また，自己創設暖簾をもたらす支出はこれが費用とされているため，償却費の計上は費用の二重計上を結果する，といった論拠をもって暖簾は償却すべきではない，とする説である。

要償却説については，暖簾を償却しないということは自己創設暖簾を資産として認識することを意味してしまう，ということがその論拠の一つとされているが，ただし，これは自己創設暖簾の

---

[21] 飯野『財務会計論（3訂版）』6-18頁。
山内暁『暖簾の会計』2010年，326〜330頁。

認識を認めない制度を前提とし、この制度との不整合を説くものであり、他方、暖簾は減価するものの、減価は自己創設暖簾が生ずることによって補塡され、全体として維持されてゆく暖簾は取替資産に類似しており、したがって、取替費を費用計上する取替法の処理が適当ともいえようが、しかし、暖簾の場合、取替費を特定することは困難であるため、償却を行うことが適当、とする要償却説がある。

再評価説は、決算時等に暖簾を再評価し、評価額が帳簿価格より低い場合にはその差額を減価として認識すべき、とするものであり、かつては「現実的ではない」[22]とされていたが、近年は「減損会計」の名の下に行われている。

利益比例償却説は、該期間の利益額に比例した額の償却を行う、ということを企図しているが、しかし、暖簾の価値と利益の額の間には正の相関関係があるため、この行き方は合理性を欠き、これは利益における償却費の負担に鑑みたものとされる。

以上の諸説は、それぞれの問題点の指摘はさて措き、いずれも会計学の地平の内にあるといえようか。

会計の方法についての諸説（続） 前項は「会計の方法についての諸説」と題されたものの、より正確には「会計の方法の選択についての諸説」だったが、他方、本項は「会計の方法の解釈についての諸説」とされるべきか。

---

[22] 飯野『財務会計論（3訂版）』6-18頁。

これはすなわち，或る会計処理方法の意義をどのように解するか，という論における諸説ということであって，例えば低価法についてはこの方法を原価基準の例外とする説，投下資本をその回収可能性によって評価するものと捉えられる低価法は原価基準の具体的適用の一つとする説，および資産の価値をその残留有用性によって評価するものと捉えられる低価法は原価基準の具体的適用の一つとする説があるとされ，原価基準の例外とする場合のその根拠は保守主義にこそ求められ，この場合は取得原価額，正味実現可能価額，および再調達原価額の比較が行われるとされ，投下資本をその回収可能性によって評価するものと捉えられる低価法の場合は取得原価額と正味実現可能価額の比較が行われるとされ，資産の価値をその残留有用性によって評価するものと捉えられる低価法の場合は取得原価額と再調達原価額の比較が行われるとされる[23]。

　しかしながら，これは低価法という方法の解釈について3通りの説があるというべきか，はたまた，取得原価額，正味実現可能価額，および再調達原価額を較べて最も低い価額を採る方法，取得原価額と正味実現可能価額を較べて低い方の額を採る方法，ならびに取得原価額と再調達原価額を較べて低い方の額を採る方法，という三つの別々の方法があるというべきか。

　けだし，如上の選択は，「低価法」という統一的な名称の下，「原価と時価とを比較して，どちらか低い価額によって資産を評価する方法」[24]などと定義される（複数の）方法はこれに通底す

23　同上，3-21〜3-22頁。
24　同上，3-19頁。

る重要な何かがあるかどうか、という点に懸かっている。低価法が用いられた場合、「企業の財政状態および経営成績は控目に報告されることとなる」[25]とされる「控目」はこれが通底する重要事であるのであれば、いずれにしても、まずは保守主義ありき、ということなのか。

会計学の地平 　会計学の地平を考えることは会計ないし会計学の拘りどころ[26]を考えることでもある。

　ここに拘りどころとは、捨てることのできないもの、捨ててはならないもの、ということであって、例えば貨幣数値、あるいは複式簿記、あるいは「取引」概念などといったものが挙げられよう。これらが会計の特長であるかどうかはさて措き、これらを会計の要件とすべきかどうかもさて措き、これらが会計の特徴であることは確かだろうが、他方、会計の要件とされる場合のこれらは地平劃定の要素となり、また、会計行為の制約条件ともなる。

　この場合、貨幣数値をもって測定されえないもの、あるいは複式簿記をもって記録されえないもの、あるいは「取引」概念に該当しないものは会計の埒外に置かれ、しかし、オフ・バランスはこれを欠陥とみる向きはときに、要件はこれを外すことなく、解釈を変え、「取引」概念の拡大等をもって姑息に辻褄を合わそうとする[27]。

---

[25] 同上、3-19頁。
[26] 友岡賛『会計と会計学のレーゾン・デートル』2018年、第1部。
[27] 友岡『会計学の考え方』第6章。

拘りどころを捨てることによって失うものと得るもの，拘り続けることによって保たれるものと得られないもの，これらについて思量することが肝要だろう。

　例えば貸借対照表の貸方について飽くまでも2分割に拘り，無理矢理にでも，あらゆる貸方項目をいずれかに収めることによって保たれるものと得られないもの，2分割を捨てることによって失うものと得るもの，こうしたものについて思量することが肝要だろうし，こうしたことこそが会計学という営為の根幹だろう。

　あるいはまた，複式簿記のシステムは中世より用い続けられてきており，「いかに現実のいわゆる会計業務がコンピュータリゼイションされようとも，そこでもちいられているシステムの仕組みそれ自体は，たとえば手にペンをもっておこなわれる帳簿つけにおけるそれと同一の仕組みであって」[28]，従前のOAの発展はPCをもってペンに代えただけのことだったといえようが，翻って今後のAIとやらの進化・発展は依然としてこのシステムを必要とするのか，はたまた，このシステムを捨てることとなるのか。これについて考えることは会計学の仕事ではないかもしれないが，拘るべき，捨てざるべきとの信念をもって主張することは会計学者の仕事だろう。

　しかしながら，他方，叙上のように，姑息にでも辻褄を合わせることにも意義は認められよう。学問という営為は，畢竟するに，辻褄を合わせることであるからである。

28　友岡賛『会計の時代だ──会計と会計士との歴史』2006年，200頁。

第2章

拡大された概念の存在意義

　イギリスを代表するイギリス会計史家であるジョン・リチャード・エドワーズが30年振りに上木した通史をもって繙くが,とりわけこの通史が代理理論を歴史研究のフレームワークに用い,また,「stewardship」概念の拡大を指摘していることに留意する。

エドワーズの通史　29
第2版にならなかった新通史　32
代理理論　35
新通史の概要　38
「stewardship」概念の拡大　41
新通史の代理理論　46
拡大された概念の存在意義　52

第2章　拡大された概念の存在意義　29

エドワーズの通史

「イギリスは……近代的な財務報告をもって開拓し……資本市場と会計プロフェッション団体のいずれの発展においても先駆的な役割を果たした, とする広く支持されている捉え方によれば, イギリスの株式会社 (joint stock company) [1] における外部財務報告の実践はこれについて知る価値がある」[2] ともされているが, けだし, そうしたイギリスの会計史家といえば, 会計史を扱った多くの論攷に加え, *Arte e Contabilità* とその英語版の *Art & Accounting* [3] というユニークな著書もあるバジル・セリグ・ヤーメイ (Basil Selig Yamey) (1919年生まれ) (ロンドン・スクール・オブ・エコノミクス) [4], そして「すでにして……会計プロフェッション史の古典とされてよく, また, 簡にして要を得ていることをもって後続の会計プロフェッション史に頻々と用いられている」[5] とされ, また,「この訳書は広い範囲をコンパクトにまとめて, しかも読みやすい良書である」[6] ともされる『会計士の歴史』を著したロバート・ヘンリー・パーカー (Robert Henry Parker) (1932年生まれ) (エクセ

---

[1] 「joint stock company」をもって「株式会社」とすることの適否について下記のものを参照。
　友岡賛『会計と会計学のレーゾン・デートル』2018年, 第8章。

[2] John Richard Edwards, *A History of Corporate Financial Reporting in Britain*, 2019, p.3.

[3] Basil S. Yamey, *Art & Accounting*, 1989, p.viii.

[4] R. H. Parker, 'Basil Yamey, Accounting Historian,' *Accounting, Business & Financial History*, Vol.6, No.3, 1996.

[5] R. H. パーカー／友岡賛, 小林麻衣子 (訳)『会計士の歴史』2006年, 4頁。

[6] 百合野正博「会計専門職としての監査人の誕生」『企業会計』第70巻第1号, 2018年, 61頁。

ター大学)[7],この二人の次にジョン・リチャード・エドワーズ (John Richard Edwards)(1946年生まれ)(カーディフ大学)[8]を挙げても異論は多くないだろう。

イギリス会計史について多くの業績を有するこのエドワーズは1989年に既に通史をまとめており,これは「イギリスの財務会計実践の展開を詳細に吟味した最初の書」[9]と謳われている。*A History of Financial Accounting,* すなわち『財務会計史』という素直なタイトルのこれは「本書の企図はあるいは会計史の授業の基本的な教科書として用いられ,あるいは他の会計学の授業,とりわけ財務会計と監査にかかわる授業の参考書として用いられ,あるいは自身の分野の発展に関心がある会計士の興味を惹くことにある」[10]とされ,また,「主として会計実践の発展に焦点を合わせ,また,この変遷過程に影響を与える環境の構成要素として会計思想や会計制度を扱っている」[11]とされ,下掲のような構成を有していたが,ただし,例えばエドワーズと親しい関係にあった[12]これもイギリス会計史家の千葉準一いわく,「随分と無難に

---

[7] Terry Cooke and Chris Nobes, 'Introduction,' in T. E. Cooke and C. W. Nobes (eds.), *The Development of Accounting in an International Context : A Festschrift in Honour of R. H. Parker,* 1997.

[8] J. R. Edwards, *A History of Financial Accounting,* 1989, colophon.

[9] *Ibid.,* jacket.

[10] *Ibid.,* 'Preface,' n. p.

[11] *Ibid.,* 'Preface,' n. p.

[12] 千葉準一『英国近代会計制度——その展開過程の探究』1991年,「序にかえて」3頁。

まとめてしまった」[13]。

> 第1部　序
> 　第1章　何ゆえに会計の歴史を気に懸けるのか？
> 　第2章　経済発展と会計の変遷
> 第2部　古代から産業革命まで
> 　第3章　初期の記録
> 　第4章　責任負担・責任解除会計
> 　第5章　複式記入の起源と発達
> 　第6章　1500年から1800年までのイギリスにおける複式簿記
> 　第7章　初期の文献
> 　第8章　1225年から1830年までのイギリスにおける利益測定と資産評価
> 　第9章　株式と有限責任
> 第3部　企業の財務報告実践
> 　第10章　1830年から1900年までの会社の会計慣行の形成
> 　第11章　1900年から1940年までの情報開示の変遷
> 　第12章　会計不正
> 第4部　規則と規制
> 　第13章　公益事業会社と複会計システム
> 　第14章　利益，配当，および資本維持
> 　第15章　自由放任主義の状況下での自己規制
> 　第16章　会社法と圧力団体
> 　第17章　財務諸表と目論見書の標準化
> 　第18章　子会社と関連会社の会計
> 　第19章　勧告と基準
> 第5部　会計プロフェッションの発展
> 　第20章　職業的会計士の業務
> 　第21章　専門職団体

---

[13] 本人談。

この『財務会計史』に対する千葉の評の適否はさて措き,30年の時を経てエドワーズが改めて上梓した通史が*A History of Corporate Financial Reporting in Britain*,すなわち『イギリス企業財務報告史』である[14]。

**第2版にならな
かった新通史**
「私の当初の意図からすると,この書は1989年にラウトレッジから刊行された『財務会計史』の第2版の役割を果たすはずであったが,しかし,執筆に着手後,計画は変更された。『財務会計史』はこの新しい書よりも対象範囲が広く,初期の記録やイギリスにおける会計プロフェッションの発展に関する章,それに「なにゆえに会計の歴史を気に懸けるのか」と題する序章を有していたが,今回の書にあってこれらはすべて削除されている。過去30年間にわたって会計史研究は発展を遂げてきており,現在における文献数は1980年代後半のそれと比較にならない。そうした文献の決して全部ではないが,その一部を活用すべく,私は対象範囲を狭めて焦点を鮮明にすることとし,その結果,『イギリス企業財務報告史』がまとめられた」[15]。

---

14 なお,この書は,出版社のウェブサイトによれば,2018年7月刊,とされているが,同書のcolophon(和書の奥付に該当)においては,2019年刊,とされている。
15 Edwards, *A History of Corporate Financial Reporting in Britain*, pp.xv-xvi.

第2章 拡大された概念の存在意義 33

第1部 状況設定
　第1章　企業の財務諸表の本質と目的
　第2章　会社，株主，および資本市場
第2部　財務報告における初期の諸問題
　第3章　1800年頃までの財務報告。その理論
　第4章　1800年頃までの財務報告。その実践
第3部　19世紀における諸問題
　第5章　19世紀イギリスにおける規制対自由放任主義
　第6章　制定法会社と複会計システム
第4部　会社法
　第7章　利益，配当，および資本維持
　第8章　会社法制と圧力集団
第5部　虚偽の財務報告
　第9章　会計不正
第6部　財務報告における特別の諸問題
　第10章　年次報告書と財務諸表
　第11章　会計報告書の標準化
　第12章　グループ・アカウンツ
　第13章　利益，引当金，および積立金
　第14章　有形固定資産
　第15章　オフバランスシート・ファイナンス
　第16章　物価変動会計
　第17章　キャッシュと資金のフロー
第7部　基準と概念
　第18章　勧告，基準，および概念フレームワーク
第8部　影響
　第19章　変化を伴う連続性

　この書の特徴の一つは代理理論(エージェンシー)の採用にあり，「本書は会計の歴史を研究するために本人(プリンシパル)と代理人(エージェント)のフレームワークを用いているが，しかし，利用者が要求する情報を常に提供することを経営

者が果たしえなかった歴史も十分に認識されている」[16] とされ，また，「より早期における報告実践がときに後年の実践と比較されているが，これは，或る時点における会計がそれ以前に行われていた会計よりも必然的に優っている，ということを示すためではない」[17] とされる。

「イギリスは……近代的な財務報告をもって開拓し……資本市場と会計プロフェッション団体のいずれの発展においても先駆的な役割を果たした，とする広く支持されている考えによれば，イギリスの株式会社における外部財務報告の実践はこれについて知る価値がある」とするこの書の対象は会社形態については東インド会社に代表される勅許会社（chartered company）から運河業および鉄道業における制定法会社（statutory company）を経て1844年株式会社法（Joint Stock Company Act）[18] および1855年有限責任法[19] によって創られた有限責任会社（limited liability company）に至り，また，年代についてはイギリスの上場会社がイギリスの会計基準よりも国際的な会計基準にしたがうようになった21世紀の初頭をもって終わる[20]。

---

16 *Ibid.*, p.xvi.
17 *Ibid.*, p.xvi.
18 An Act for the Registration, Incorporation, and Regulation of Joint Stock Companies, 7 & 8 Vict. c.110.
19 The Limited Liability Act, 18 & 19 Vict. c.133.
20 Edwards, *A History of Corporate Financial Reporting in Britain*, pp.3-4.

代理理論 　　　叙上のように，代理理論が採用されている。すなわち，この書は「財務報告実践の変化の概略を観察するための有用なレンズ」[21] として代理理論を用いており，単純な代理理論によれば，財務諸表の形式と内容はこれを投資者の要求が決める，とされ，代理人たる経営者は，最小のコストをもって資金を調達すべく，本人たる投資者が求める会計責任の履行を自発的に行う，とされる[22]。

つとに財務報告と監査の歴史をもって代理理論を用いて描いたロス L. ワッツ（Ross L. Watts）とジェラルド L. ジマーマン（Jerold L. Zimmerman）によれば，外部財務報告の発展は市場によって主導され，すなわち株主が信頼しうる情報を要求し，経営者は，これに応えて自身の管理下にある財務諸表をして信頼しうるものとすべく，独立監査を手配するに至った。株主と経営者の間の代理関係は，情報の非対称性と利益相反のリスクを抑えるべく，外部監査の必要をもたらす，とされ，如上の捉え方によれば，公的な規制はコスト効率が低く，また，特定の圧力団体の私利を正当化する会計理論，すなわち言い訳の必要をもたらす[23]。

しかしながら，代理理論も認めているように，企業の財務諸表の有用性は，経営者に適切な会計を行う気があるかどうか，ということに依存しており，したがって，企業による財務情報の提供は目標の一致が存しない場合の本人と代理人の関係において検討されるべきこととなる。敷衍すれば，企業の業績が良い場合には

21 　*Ibid.*, p. 6.
22 　*Ibid.*, pp. 6-7.
23 　*Ibid.*, p. 7.

問題がないが,これが悪い場合には利益相反が生じ,すなわち目標の一致が存しない状況が生じ,ときに利益について楽観的な数値が示され,あるいはかなり楽観的な数値が示され,果ては1878年のシティー・オブ・グラスゴー銀行の事件[24],あるいは近年は2001年のエンロン社の事件[25]において発覚をみたような粉飾が行われるに至る[26]。

ただし,エドワーズの旧通史,すなわち『財務会計史』にも代理理論への言及はあった。ただし,全体的なフレームワークとして採用されていたわけではなく,以下の2点の説明に限って用いられていた。

一つには自由放任主義(レッセ-フェール)の時代とされる19世紀にあって,とりわけ1856年株式会社法[27]制定後の「任意規定期」と称される時期[28]にあって財務報告は概して法の規制を受けることなく,しかしながら,多くの会社が財務諸表を公表し,また,財務諸表について監査を受けていた,という事実が注目され,これについては会計情報の提供をもって人々に投資を促すためのコストの一部

---

24 下記のものを参照。
　友岡賛『近代会計制度の成立』1995年,第2章。
25 例えば下記のものを参照。
　マイク・ブルースター/友岡賛(監訳),山内あゆ子(訳)『会計破綻——会計プロフェッションの背信』2004年,第8章。
26 Edwards, *A History of Corporate Financial Reporting in Britain*, pp. 7-8.
27 The Joint Stock Companies Act, 19 & 20 Vict. c. 47.
28 友岡『近代会計制度の成立』25～28頁。

とする考え方の存在がその事訳とされる。こうした考え方の下，会社の定款には会計についての規定が設けられていたが，会社が独自に作成した定款に求められる経営者の会計責任 (accountability) は法に示された模範定款に求められるものよりも遙かに軽く，これは，代理理論によれば，株主の求める会計責任は立法者が求めるものよりも軽く，法令遵守コスト(コンプライアンス)を最小化すべく，模範定款に代えて独自の定款が作成される，とされる[29]。

この辺りの事情について些か補説すれば，1856年株式会社法において会計・監査関係規定は同法の附則として示された模範定款に収められたが，会社はこの模範定款を用いることなく，独自の定款を作成することもでき，したがって，模範定款に設けられた規定は強制力をもたなかった。これが「任意規定期」と称される所以であって，会社は独自の定款において独自の（緩い）会計・監査関係規定を設けることができ，あるいはまた，会計・監査関係規定のない定款をもつこともできた[30]。

閑話休題。いま一つには20世紀の前半は1900年から1940年までの期間について，この時期にあって会社は法が要求するよりも遙かに多くの会計情報を開示していた，という事実が代理理論をもって説かれ，こうした状況は情報利用者，とりわけ株主からの情報要求によってもたらされた，とされ，また，経営者とすれば，投資者の投資意欲が減退することのないように多くの情報を

29　Edwards, *A History of Financial Accounting*, pp. 196-197.
30　友岡『近代会計制度の成立』25頁。

提供した,とされる。法が多くを要求していない状況下,会社が法が要求するよりも多くの情報を開示することは驚くべきことではなく,むしろ,当時は会社間に会計情報の異同が多かったことが注目され,このことは利用者の情報要求の異同,あるいは企業の資金調達方法の異同,あるいは経営者が許容する資本コストの異同によって説明しうるかもしれない,とされる[31]。

新通史の概要　代理人が本人のために作成する期間的財務諸表の役割をもって「stewardship」,「accountability」[32],および「意思決定有用性」の諸概念を用いて考察する『イギリス企業財務報告史』は**表1**のように時代を3区分しつつ,stewardshipにかかわる報告はいつの時代も会計の要点であり続けている,ということを指摘する一方,近年,重視されている意思決定有用性は,しかし,その類似の概念はこれをかなり早くに,17世紀,あるいは16世紀に認めることができる,ということを指摘している[33]。

表1　期間的財務諸表の発展

中世〜16世紀頃	代理人（執事）による本人（荘園領主）に対する報告における責任負担・責任解除会計の採用
17・18世紀	資本と経営が未分離の経営者に事業の状況を知らしめるための期間的財務諸表の作成における複式

---

31 Edwards, *A History of Financial Accounting*, p.142.
32 「stewardship」および「accountability」について下記のものを参照。友岡賛『会計学の考え方』2018年,第7章。
33 Edwards, *A History of Corporate Financial Reporting in Britain*, pp.11-14.

	簿記の利用の増加
19・20世紀	不在株主に対する報告の手段としての公表財務諸表の活用

　近代会社法制度の起点は1844年株式会社法だった[34]。

　この1844年株式会社法は充分かつ公正な (full and fair) 貸借対照表を株主に示すことを経営者に要求していたが、その目的は経営者による資本の運用状況 (the way in which directors had applied the capital of the company) の評価、すなわちstewardshipに対する評価を株主に可能ならしめること、会社の支払い能力に関する情報を株主に提供すること、および資本からする配当がなされていないことを保証することにあった、とされ、また、同法は損益計算にはおよそ言及することなく、株主と債権者に対する情報提供について同法が意識していたのは専ら貸借対照表項目だったことが注目される[35]。

　財務諸表をもって株主に企業の収益力を示すことの必要性が重視されるようになったのは戦間期以降のことだったが、こうした財務諸表の目的観の変化はイギリスの勅許会計士のアメリカにおける経験からもたらされたものであって、例えばジョージ O. メイ (George O. May) は財務諸表の旧来の目的と新しい目的の板挟みをもって経験、前者は既存の株主の利益を考慮し、歴史的な記録を重視するstewardship目的だったのに対し、後者は投資者に

34　友岡『近代会計制度の成立』17～20頁。
35　Edwards, *A History of Corporate Financial Reporting in Britain*, pp. 14-15.

収益性に関する情報を提供するという目的だった[36]。

　収益力を示すことを重視する考え方はやがて会計規制に浸透をみ，開示に著しい飛躍がみられたのは1947年会社法[37]においてだった。同法においては，利益数値の質を上げるべく，秘密積立金の撲滅や経常損益と非経常損益の区別が試みられたが，ただし，開示制度は依然として，発起人や経営者は他者の所有する財産について管理責任[38]を負う（in charge of property belonging to other people）stewardであって，自身のstewardshipの遂行状況について報告する義務を有する，という理解に依拠していた。事実，例えばイングランド＆ウェールズ勅許会計士協会（Institute of Chartered Accountants in England and Wales）（ICAEW）は財務諸表上の情報の意思決定有用性の保証や業績の評価方法の向上をもって監査人が行うことの必要性を認めることを渋っており，同協会が1952年に出した会計原則に関する勧告（Recommendation on Accounting Principles）の第15号は歴史的原価にもとづく財務諸表の限界を認めつつも，有用性を求めることに積極的ではなかった[39]。

36　*Ibid.*, p.15.
37　The Companies Act, 10 & 11 Geo.6, c.47
38　筆者は「管理」を［管理＝保存（保全）＋運用］と捉えており（友岡賛「会計とはなんだろう」友岡賛（編）『会計学の基礎』1998年，10頁），したがって，「資源の運用・管理」（伊藤邦雄『新・現代会計入門（第3版）』2018年，50頁）ないし「資金の管理・運用」（桜井久勝『財務会計講義（第19版）』2018年，7頁）といった言い様は用いることなく，そうした筆者の用語法からすると，この件（くだり）の「in charge of」は，「管理責任」ではなく，「責任」ないし「受託責任」としておいた方が無難かもしれない。
39　Edwards, *A History of Corporate Financial Reporting in Britain*, p.15.

もっとも投資意思決定の支援という機能を財務諸表に期待する向きはこれを19世紀という早くにも認めることができる一方,「意思決定有用性」という概念が明示的に用いられることとなるのは1950年代ないし1960年代以降のことだった。爾來, 概念フレームワークをめぐる議論を経て, 投資のリスクの評価という利用目的において財務諸表に意思決定有用性が求められるとともに,「stewardship」の意義が拡大をみ, stewardshipの役割において経営者は財産の保全についてばかりか, 財産の効率的な運用についても (for the safekeeping of the entity's resources *and for their proper, efficient and profitable use*) 会計責任を負う (accountable) とされるに至った *40*。

　19世紀以降の財務報告の展開を以上のように捉えるエドワーズの『イギリス企業財務報告史』は代理理論をもって歴史研究のフレームワークに用いつつも, その抽象度の高さはこれをしかるべく認めているが, しかし, 財務諸表は19世紀より21世紀に至るまで常にstewardshipにかかわる機能を有してきている, とし, しかし,「stewardship」概念は常に変容をみてきている, としている *41*。

「stewardship」概念の拡大

　ところで, 歴史と受託責任ないしstewardshipといえば,「監査という行為を深く掘り下げて考えるための素材 (の一つ) を……監査史

---

40 *Ibid.,* p. 16.
41 *Ibid.,* pp. 16-17.

に求め」[42]，また，「監査を捉える基本軸を……「受託責任」においている」[43]鳥羽至英と秋月信二は，しかし，「スチュワードシップという概念……に学術的に深く迫ろうとした論考は極めて少ない」[44]と断じ，次のように続けている。

>「社会科学の学問的な面白さの1つは，その意味や社会的な役割が，新しい時代のなかで，新しい衣装を身に纏って，再び表れる(ママ)ことであろう。概念が，時代の変化を受けて，再解明されるのである」[45]。

ただし，エドワーズのいう「stewardship」概念の拡大はこれが［財産の保全（safekeeping）責任 → 財産の運用（efficient use）責任］ということなら，まずは得心もできようが，1844年株式会社法の要求はその目的が「資本の運用状況（the way in which directors had applied the capital of the company）の評価」を株主に可能ならしめることにあった，とされることはこれをどう捉えるべきか[46]。

前出の「for the safekeeping of the entity's resources *and for their proper, efficient and profitable use*」という件の「*and for their proper, efficient and profitable use*」はこれをどのように解するべきか。あるいはまた，単なる「運用」と「効率的な運用」

---

42 鳥羽至英，秋月信二『監査を今，再び，考える』2018年，ⅰ頁。
43 同上，8頁。
44 同上，109頁。
45 同上，109頁。
46 注記*38*をみよ。

をもって峻別すべきなのか。

　stewardshipに求められるのは財産の保全か。stewardshipは歴史的原価，取得原価と結び付くのか。財産の保全は取得原価会計に結び付くのか。stewardshipにおけるaccountabilityは取得原価会計をもって果たされる，ともされているが，これはどういう意味か。

　例えば桜井久勝によれば，「資産の取得原価額は，契約書・送り状・支払記録などの証拠に基づき，客観的に測定することができる。また支払額を基礎とした資産評価は，株主や債権者から受入れた資金のてん末を明らかにしている点で，受託責任や会計責任の明示に役立つという長所をも有する」[47]とされる。「客観的に測定することができる」から「受託責任や会計責任の明示に役立つ」と読むべきかもしれないが，「また」を筆者なりに素直に捉えれば，「支払額を基礎とした資産評価は……受託責任や会計責任の明示に役立つ」ということになり，どうして「役立つ」のかがよく分からない。他方，例えば広瀬義州によれば，「受託責任が，計算書類および連結計算書類の承認または報告によって解除される以上，少なくとも計算書類等の作成の根拠となる会計情報の客観性が検証可能な証拠によって立証されるものでなければ，委託者である株主は納得しない。……そのような情報特性をもっているのが取得原価主義会計情報である」[48]として客観性をもって取得原価とstewardshipの関係が説かれる。「やはり客観性な

47　桜井『財務会計講義（第19版）』82頁。
48　広瀬義州『財務会計（第13版）』2015年，124頁。

のだろうか。……やはり取得原価主義には客観性しかないのだろうか。客観性では面白くない」[49]。

ただしまた，広瀬によれば，「受託責任の遂行は財産の名目的な維持をもってその顚末を明らかにすることではなく，財産の実質的または実体的な維持をもってその顚末を明らかにすることであるとする考え方も有力である」[50] ともされる。

「stewardshipに求められるのは財産の保全か。……財産の保全は取得原価会計に結び付くのか」と前述はしたものの，むろん，[保全vs.運用] において，保全だから取得原価，というわけでは決してなく，取得原価に鑑みた保全もあれば，時価に鑑みた保全もあり，取得原価に鑑みた運用もあれば，時価に鑑みた運用もある。しかしながら，まずは保全，という感じもする。まずは取得原価，とはしたくはないが，運用（とりわけ効率的な運用）も，あるいは時価も，畢竟，機会費用的な考えに繋がる。取得原価というよりは名目資本維持というべきか。「取得原価主義は当然に名目資本維持と結び付くわけではないが，取得原価主義と名目資本維持の間には相当な親和性を認めることができ」[51]，名目資本維持は機会費用をもって考えることを要しない。機会費用はこれを考えるのはなかなかに面倒なことであって，しかし，「「機会費用」ないし「機会損失」という概念を用いないところに会計ないし会計学の特徴がある，ともされる」[52]。会計は「面倒なこと」，

49　友岡『会計と会計学のレーゾン・デートル』100頁。
50　広瀬『財務会計（第13版）』124頁。
51　友岡『会計と会計学のレーゾン・デートル』101頁。
52　友岡『会計学の考え方』57頁。

疲れることを省略してくれる。まずは保全で納得していれば，さしあたり都合がよい。取得原価で納得していれば，さしあたり都合がよい。

　ちなみに，前出の鳥羽と秋月は「受託者は委託された財産を適切に保全・管理し，その結果を委託者に報告する責任を負っている。受託責任を全うするということは，受託した財産に関して，2つの内容の異なる責任を果たすということを意味しているのである」[53]として［受託責任＝財産の保全管理責任＋報告責任（会計責任）］と捉え[54]，報告責任（会計責任）における報告は「受託した財産を運用（費消）した結果，いかなる業績が達成され，また財産がどのように増減したかについて，その顛末を委託者に報告すること」[55]「が中心であり，時代の経過とともに」[56]「受託した財産をいかに有効に，そして効率的に運用（費消）したかについて，その状況を委託者に報告すること」[57]「も追加されるようになった」[58]としており，また，アメリカを代表する会計史家のスティーブン A. ゼフ（Stephen A. Zeff）は「stewardship」について，これは，企業の財産管理における経営者の誠実性，にかかわる概念か，企業の財産運用における経営者の効率性，にかかわる概念か，あるいは，企業における経営者の財産運用にもとづい

---

[53]　鳥羽，秋月『監査を今，再び，考える』118頁。
[54]　同上，112〜113頁。
[55]　同上，113頁（（　）書きは原文）。
[56]　同上，114頁。
[57]　同上，113頁（（　）書きは原文）。
[58]　同上，114頁。

て株主が得る利益の適切性,にかかわる概念か,と問い,20世紀の後半には［財産管理における経営者の誠実性 → 財産運用にもとづいて株主が得る利益の適切性］という移行をみることができる,としている[59]。

新通史の代理理論　　　閑話休題。先述のように,『財務会計史』にも代理理論への言及はあったものの,ただし,この理論は特定の論点に限って用いられていた。他方,この新通史にあって代理理論はこれが全体的なフレームワークとして採用されるに至っているが,ただし,実のところ,これが適用される論点は30年を経ても余り変わりがない。

19世紀にあって株式会社 (limited liability company) [60] の擡頭は,自身の資金の運用状況 (whether their funds had been gainfully employed) の評価を投資者に可能ならしめる,という会計情報の意義を増大させたが,問題は［市場原理vs.規制］だった。すなわち,適切な会計責任の履行を担保するためには市場原理に委ねた方がよい

---

[59]　Edwards, *A History of Corporate Financial Reporting in Britain*, p. 15.

[60]　ここに「limited liability company」を「有限責任会社」ではなく,「株式会社」としたその事訳は下記の通りである。
　「有限責任会社」は「無限責任会社」と対置される概念であって,［無限責任vs.有限責任］の関係においては無限責任形態の場合の方が出資者のリスクが高く,したがって,会計情報の必要性が高いため,「有限責任会社の擡頭は……会計情報の意義を増大させた」とすることには違和感がある。ただし,有限責任形態の採用によって株式投資のリスクが低下をみ,したがって,株式投資が増えたため,株主に対す ↗

のか,あるいは規制を設けた方がよいのか,ということであって,一方の極にあるのは,経営者は,株主等の情報利用者の要求を満たすべく,自発的に情報を提供する,というおよそ規制のない状況であって,これをいま少し形式に則ったものとする場合には,経営者は自身と株主の間において自発的に結ばれた契約にもとづいて会計責任を履行する,ということとなり,こうした取り決めは1844年株式会社法の下にあって設立証書,1856年株式会社法の制定後は定款においてなされ,勅許会社の場合は当該勅許状,制定法会社の場合は当該個別法においてなされた[61]。

次にもたらされたのは会計プロフェッションによる好ましい会計実践の提示だった。1942年以降,ICAEWは29の会計原則に関する勧告を公表し,これは標準的会計実務に関するステートメント(Statement of Standard Accounting Practice),そして財務報告基準(Financial Reporting Standard)[62]に後継され,方今は国による直接的な規制の可能性がみられるに至っている[63]。

かつては19世紀後半における政府の企業会計に対する姿勢は

↘ る情報提供の意義が増した,ということであれば,如上の違和感はなくなる。

なお,「limited liability company」,「joint stock company」ないし「joint-stock company」,「株式会社」などといった概念ないし用語について下記のものを参照。

友岡『会計と会計学のレーゾン・デートル』156頁。

[61] Edwards, *A History of Corporate Financial Reporting in Britain*, p.78.
[62] ただし,ここにおいてエドワーズは「財務会計基準(Financial Accounting Standard)」(*Ibid.*, p.78)と表記している。
[63] *Ibid.*, p.78.

これを自由放任主義にもとづいて説明することが一般的であり，会社の財務状態は当該会社の株主と従業員と経営者だけの問題，とするのが当時の考え方だった，とされ，そうした規制のない状況下における会計・監査の発展は，ワッツとジマーマンによって，代理コストの低減の手段としての会計を適切に行わせるべく，市場の圧力が作用した，といったように説かれたが，ただし，ことはそれほど単純ではなかった[64]。

　準則主義の採用をもって法人設立を容易化した1844年株式会社法は，他方，会計・監査に関してかなり充実した規定を設けていた[65]が，既述のように，1856年株式会社法において会計・監査関係規定は任意規定化されるに至り，このことについては当時の自由放任主義をもってその事訳とする行き方があるものの，しかし，これは，1844年法における任意規定に非ざる会計・監査関係規定の存在，を説明することができず[66]，エドワーズによれば，いま一つの説明は，1844年法の会計・監査関係規定はこれが旨く機能しなかった，ということに求められる。同法の会計・監査関係規定は，会社は適切な貸借対照表の作成や適切な監査人の選任を行うことができる，ということをもって前提していたが，実際にはそうではなかった[67]。

　1856年法における会計・監査関係規定の任意規定化は，また，

---

64   *Ibid.*, pp. 78‒79.

65   友岡『近代会計制度の成立』18〜20頁。

66   同上，27頁。
    Edwards, *A History of Corporate Financial Reporting in Britain*, p. 80.

67   *Ibid.*, p. 80.

当時にあっては資本と経営の分離がみられる会社はまだ少数派だった,ということをもっても説明される。そのかみにあって会社の多くは出資者たる経営者が有限責任形態による保護を手に入れるために設立されており,そうした資本と経営の分離がみられない会社の場合,法の会計・監査関係規定に意図されていたような会計・監査は不要だった[68]。

法の要求がない19世紀後半に監査済みの財務諸表の公表がみられたことは興味深く,この状況は,経営者にとって会計情報は資金調達コストの一部を構成する,という捉え方をもって説明されようが,ただし,当時の会社が独自に作成した定款が求める会計責任は1856年株式会社法,あるいは1862年会社法[69][70]に示された模範定款が求めるものよりも遙かに軽く,代理理論によれば,そうした独自の定款は法令遵守コストを最小化すべく作成される,とする『財務会計史』においてと同様の指摘をみることができる[71]。

他方,模範定款の採用率は概して大規模な会社において低く,小規模な会社において高く,この状況は,小規模な会社にとっては独自の定款を作成するコストが重荷だった,ということがその

---

68   *Ibid.*, p. 80.

69   The Companies Act, 25 & 26 Vict. c. 47.

70   「近代会社法制度の体系的統合の結実は1862年会社法であった。つとに,会社にかんするマグナ・カルタ,とすらいわれるそれは,いわば近代的な会社法の嚆矢であった。……この1862年法は,それまでのいくつかの法律を廃止して,それらを統合,かつ若干の修正をほどこしたものであった」(友岡『近代会計制度の成立』26頁)。

71   Edwards, *A History of Corporate Financial Reporting in Britain*, p. 87.

事訳だった,とされ,ただしまた,時の経過は模範定款の現実適合度を低め,すなわち模範定款は次第に陳腐化をみ,その採用率は低下の一途を辿る[72]。

独自の定款における規定は,ただし,まずは模範定款の規定に依拠していたが,独自の定款上の規定には,時代を下るに連れて株主から経営者に移される権限が増大をみる,という傾向をみることができ,会計・監査関係規定については,監査関係の規定よりも,会計関係の規定において遙かに多く模範定款上の規定との異同をみることができた。独自の定款上の会計関係規定には開示される会計情報の量を抑える傾向をみることができ,これは,財務諸表は競合する他社や従業員にもみられる虞があり,他方,株主は,多くの会計情報によらずとも,適切な監査や株主総会における発言権によって保護されている,という考え方によっていた。損益計算書に関する規定が省略され,あるいは簡略化されることも少なくなかった。法の模範定款には設けられていた収益の源泉別表示を求める規定は省略され,しかも,あろうことか,会社法は1906年にこれに倣い,模範定款においてもこの規定は削除され,すなわち会社法は会計実践の先導者に非ず,追随者だった[73]。

模範定款に示された貸借対照表の雛形は人気がなかったが,それはこの雛形によって開示される情報が経営者にとっては詳細に過ぎたためだった。事実,模範定款に示された貸借対照表は,19世紀にあって,また,20世紀に入ってからも,一般に会社が公表していたものよりも精巧だったが,しかし,1906年には模範

---

72 *Ibid.*, p. 83.
73 *Ibid.*, pp. 83-84.

定款において貸借対照表の雛形が削除され，統一的な様式の貸借対照表の公表をもって法が要求するに至ったのは1981年のことだった[74]。

独自の定款にも年次監査についての規定は設けられていたが，監査人に貸借対照表と帳簿や証憑の照合を求める規定はしばしば省略され，これは，19世紀において監査は単に形式的なものであって，実効性のある監査は求められず，また，行われていなかった，ということを意味している[75]。

鉄道会社を首めとする被規制会社の場合は，その破綻が一般大衆に損害をもたらすことから，法が会計責任をもって課していたが，そうした被規制会社に課された会計責任は当時の自由放任主義における些細な例外として看過されるべきではなく，事実，ロンドン証券取引所にあって1853年現在，上場有価証券の名目額の86.2%がこの手の会社の証券だった。この手の会社は，けだし，規模の大きさゆえに，多くの不在株主を有し，不在株主は彼らこそが会計情報を必要とした[76]。

効率的な資本の配分は，潜在的な投資者が自身の意思決定に関わる会社の業績および財政状態についてすべての関連情報を入手しうる場合においてのみ，これが果たされうるが，財務諸表の作成者（経営者）と利用者（まずは株主）は各々にとっての重要事が一致するとは限らないため，財務諸表の公表には種々の問題が伴

---

[74] *Ibid.*, p. 84.
[75] *Ibid.*, p. 85.
[76] *Ibid.*, p. 86.

う,とされ,このことがエドワーズの通史の論点の一つとされ,具体的には自主的な開示という事象が俎上に載る[77]。

法などの規制によって求められていない会計情報の開示が自主的になされることについては,投資者の意思決定を援けるべく,価値関連性のある (value relevant) 情報を追加的に提供したい,という欲求の存在をもってその理由ともされようが,さもなければ,財務諸表の見掛けを良くする,という誤魔化しにも近いことがその目的ともされ,後者の理解によれば,会計情報の開示は,情報利用者のために非ず,経営者のためになされる,という捉え方[78]が生じ,業績をもって実際よりも良く示したい,という経営者の欲求は多くの研究によってその存在が確認され,代理理論によれば,如上のことは経営者の意図的な開示戦略として捉えられる[79]。

拡大された概念の存在意義

エドワーズは,「stewardship」概念は時が下るに連れてその意義が拡大をみてきた,ということを指摘する一方,「意思決定有用性」概念は決して近年になって登場をみたものではないが,ただし,規制者は近年に至るまで会計情報に意思決定支援の機能を担わせ

77　*Ibid.*, p. 188.
78　こうした捉え方については下記のものをも参照。
　　友岡賛『株式会社とは何か』1998年,53〜59頁。
　　友岡賛『会計の時代だ——会計と会計士との歴史』2006年,13〜16頁。
79　Edwards, *A History of Corporate Financial Reporting in Britain*, p. 189.

ようとしてこなかった,ということに留意している[80]。

　敷衍すれば,19世紀にあって財務諸表に求められるstewardshipにかかわる役割はかなり狭いものだった,とする理解は少なくないが,しかし,そのかみにあっても,株主や経営者のなかには財務諸表により広い役割を期待し,投資意思決定の支援という機能の存在を認識していた者を認めることができる,とされ,ただし,規制者は財務諸表に意思決定有用性を求めることなく,事実,財務諸表における情報量を著しく増した1947年会社法においてさえも歴史的原価会計（取得原価会計）の覇権に対する挑戦はこれをみることができなかった,とされる[81]。

　既述のように,エドワーズによれば,「意思決定有用性」概念の顕在化と「stewardship」概念の拡大は並行しており,そうした状況下,やがて叙上の「挑戦」も現れるが,いずれにしても,いまさらながら,そもそも「stewardship」概念の拡大とは何だろうか。

　「オフ・バランスはこれを欠陥とみる向きはときに,要件はこれを外すことなく,解釈を変え,「取引」概念の拡大等をもって姑息に辻褄を合わそうとする」と述べたのは前章だったが,或る概念や要件を捨てる,という行き方がある一方,捨てずに解釈を変える,という行き方がある。この二つの行き方の長短はこれをどのように考えるべきか。

　「取引」概念に拘り,あるいは「stewardship」概念に拘り,

---

[80] *Ibid.*, p. 188.
[81] *Ibid.*, p. 188.

「取引」概念をもって説くことに拘り，あるいは「stewardship」概念をもって説くことに拘り，捨てることなく拡大することの意義，拡大された概念の存在意義は奈辺にあるのだろうか。

第3章

実践と理論

　財務会計と管理会計はいずれが先にあったのか。

　この問い掛けを起点として会計実践と会計理論の関係，あるいは行為の存在と概念ないし語（呼称）の存在の関係などについて思量する。

管理会計史の起点　57
アメリカ　62
管理会計と管理会計論　65
会計の機能の再発見　73

管理会計史の起点

財務会計と管理会計はいずれが先にあったのか[1]。けだし、通説は、財務会計が先、だろうし、例えば *Relevance Lost : The Rise and Fall of Management Accounting*、すなわち『適合性の喪失』と題する H. T. ジョンソン (H. Thomas Johnson) と R. S. キャプラン (Robert S. Kaplan) の管理会計史も次のように述べている。

> 「会計報告書は何千年も前から作成されてきている。また、500年ほど前には、ヴェニスの修道士パチョーリ[2]師が、うまく機能している複式簿記システムの基本について記述している。……しかし、管理会計情報への要求が生じたのはもっと最近の現象である。……19世紀前半に設立された紡織工場、中頃に形成された鉄道業、および後半に創立された鉄鋼業……のような企業の出現により、会計情報への新たなる必要性が生み出されることになった」[3]。

もっともトーマス A. キング (Thomas A. King) のアメリカ会計史によれば、「最も広く読まれたこの分野の歴史書である『レレバンス・ロスト (適合性の喪失)』に立証されているように、ア

---

[1] これは既に下記のものにおいて論じられたが、しかし、いま一度、論じられる。
友岡賛『会計学原理』2012年、29〜31, 89〜91頁。
友岡賛『会計と会計学のレーゾン・デートル』2018年、197〜201頁。
[2] 注記 **62** をみよ。
[3] H. T. ジョンソン, R. S. キャプラン／鳥居宏史 (訳)『レレバンス・ロスト——管理会計の盛衰』1992年、5〜6頁。

メリカにおいて原価計算は財務会計に先行した。1800年代初頭の繊維製造業者は，原材料から糸と織物という製品にいたるまでに掛かる労務費と製造間接費を見積もるため，原価計算を用いた」[4]とされているが，これは「19世紀のアメリカの企業は外部者に対する情報開示をほとんどしていなかった」[5]というアメリカ会計史だから，というべきだろうし，また，リズ・ウォーレン（Liz Warren）とジョン・バーンズ（John Burns）によれば，イギリスにおける管理会計の公式の（official）歴史は基本的な原価計算が一般化をみた第1次世界大戦期を起点とするが，原価計算は19世紀にあっても製鉄業や繊維工業などにおいて行われていた，とされる[6]。

しかしながら，トレバー・ボインズ（Trevor Boyns）とジョン・リチャード・エドワーズ（John Richard Edwards）の *A History of Management Accounting : The British Experience*, すなわち『管理会計史』は中世の後期に始まる[7]。

もっとも「○○史」は「○○」の定義に依存し，「○○史」の起点はこれも「○○」の定義に依存することは言を俟たず，例え

---

[4] トーマス A. キング／友岡賛（訳）『歴史に学ぶ会計の「なぜ？」——アメリカ会計史入門』2014年，76〜77頁。

[5] 同上，37頁。

[6] Liz Warren and John Burns, 'The Role of the Management Accountant in Britain,' in Lukas Goretzki and Erik Strauss (eds.), *The Role of the Management Accountant : Local Variations and Global Influences*, 2018, pp. 182–183.

[7] Trevor Boyns and John Richard Edwards, *A History of Management Accounting : The British Experience*, 2012, p. 4.

ば「管理会計とは企業管理のために利用される会計のことである」[8]と定義する田中隆雄は「管理会計の歴史は簿記の歴史に比べればきわめて新しい」[9]として「会計が管理のために利用されるようになったのは，19世紀末から20世紀にかけてのことである。大企業の出現とそれにともなう近代的管理の成立を契機として，会計が管理目的に利用されるようになった」[10]としているが，ボインズとエドワーズは「管理を目的として会計情報を提供すること」[11]，あるいは「管理業務における種々の機能の遂行を支援する目的をもって会計情報を利用すること」[12]をもって「管理会計」の定義とする。

山口操によれば，「管理会計と会計管理とは，概念のうえでは，はっきりと区別されなければならない。管理会計とは企業の経営管理を援助する会計であり，他方，会計管理とは会計に支援されておこなわれる経営管理である」[13]とされ[14]，こうした向きからすれば，叙上のように，「会計情報を提供すること」と「会計情

---

8 田中隆雄『管理会計発達史——アメリカ巨大製造会社における管理会計の成立』1982年，「はしがき」1頁。
9 同上，「はしがき」1頁。
10 同上，「はしがき」1頁。
11 Boyns and Edwards, *A History of Management Accounting*, p.1.
12 *Ibid.*, p.2.
13 山口操「企業と管理会計」山口操（編著）『エッセンス管理会計』2001年，253頁。
14 この件（くだり）は「経営管理のために情報提供をおこなう会計と会計情報を利用する経営管理とのこの区別は，具体的には予算会計と予算管理，標準原価計算と原価管理，等々の区別であり，きわめて重要な区別である」（同上，253頁）と敷衍され，すなわち，予算管理や原価管理は管理会計に非ず，とされる。

報を利用すること」を「あるいは」をもって併記することには異論もあろうが,この点はとりあえずさて措き,さて,前出の田中が「大企業の出現」を待ち,「19世紀末」を待っているのに対し,ボインズとエドワーズによれば,大規模な企業の登場を待つことなく,個人企業ないし小規模な企業においても,経営者は企業を存続させるために事業の状況を詳細に知らなければならず,これが会計情報をもって果たされている場合,その企業においては管理会計が行われている,と捉えることができ,したがって,管理会計はその存在を頗る古く,古代にも求めることができようが,ただし,『管理会計史』が中世の後期を起点とするのは,飽くまでも,単に史料の入手可能性の制約によっている,とされる[15]。

他方,「19世紀前半云々」とする『適合性の喪失』は「大企業の出現」について「歴史家は,管理会計の起源を"ビッグビジネス"の到来,とりわけ鉄道の進歩と関連させるというあやまちを犯すことも多い。だが,実際,管理会計は鉄道より先に起きていたし,かような"ビッグビジネス"と何らの関係もなかった。巨大組織体が必要としたから管理会計が生じたのではなかった。それどころか,管理会計それ自体が,大規模企業の成長を促進したといってもよい」[16]としている点が注目され,また,『適合性の喪失』は「管理会計情報」を「企業内部で発生する取引についての情報」と別言し[17],ただし,「実質的に1925年までに,今日利

---

15 Boyns and Edwards, *A History of Management Accounting*, pp. 4-5.
16 ジョンソン,キャプラン／鳥居(訳)『レレバンス・ロスト』18頁。
17 同上,5頁。

用されている全ての管理会計実務は開発されてしまった。……しかし，革新の速度はこの時点で止まってしまったように思われる」[18] と続けているが，ボインズとエドワーズによれば，1930年代ないし1940年代にアメリカにおいて現れた[19]「管理会計」という語は1950年頃に一般化をみることになるが，これより前の時期についてこの語を用いることに問題はない，とされ，会計情報は何世紀にもわたって如上の目的をもって利用されており，例えば「管理会計」という語が存在しなかった16世紀の実践をこの語をもって述べることに歴史上の問題はない，とされる[20]。

　もっとも，むろん，「管理会計」という語の不在は管理会計という行為の不在を意味するものではなく，また，筆者も管理会計の存在を古くに求める立場ながら，ただし，語の存在の重要性は看過すべきではない。「○○」という語の存在は「○○」という概念の存在を意味し，「○○」という概念の存在はその事物がそれとして認識されるに至っていることを意味する。

　管理のための会計が行われていた，ということと，「管理会計」と称されるものが行われていた，ということをどのように扱うか。

　管理のための会計といえば，その存在を古くに認める向きはほかにもみられ，例えば藤井則彦によれば，「13世紀～14世紀頃の複式簿記の発生の原因である①他人との貸借関係の記録が必要と

---

18 同上，10頁。
19 Boyns and Edwards, *A History of Management Accounting*, p. 287.
20 *Ibid.*, p. 2.

なった……などの理由により，個人企業の財産保全，管理（経営管理ではない）のための会計（簿記）はその必要性からして発生したものと解すべきで……つまり，初歩的な単純な意味での管理的要素をもっていたと考えられる」[21]とされ，その後，「企業外部の人々との関係を問題とするようになり，財務会計的領域へと拡大され，その後17世紀頃からの種々の法的整備（1673年のフランス商業条例を始めとして）と相まって，むしろ財務会計が会計の主流となり，その後19世紀末から20世紀初頭にかけて……科学的管理法を始めとする経営管理論との結びつきによって，管理会計の重要性が認識されるに至り，財務会計または外部報告会計・管理会計または内部報告会計というように，会計を区別するようになった」[22]とされているが，「財産保全，管理（経営管理ではない）のための会計（簿記）」という言い様がなされ，わざわざ「経営管理ではない」とされ，あるいは「管理的要素」といった微妙な言い様がなされ，「管理会計」の語は19世紀末以降について用いられており，また，「管理会計」の定義は示されていないものの，「企業の経営管理を計算の対象とし，内部の経営管理のための有効的手段となること」[23]が管理会計の目的とされている。

アメリカ　『適合性の喪失』は，イギリスとの比較も行っているが，主としてアメリカをもって扱っている[24]。や

---

[21] 藤井則彦『日本の会計と国際会計』1992年，33頁（（　）書きは原文）。
[22] 同上，33〜34頁（（　）書きは原文）。
[23] 同上，34頁。
[24] Boyns and Edwards, *A History of Management Accounting*, p.3.

はり管理会計史の舞台はアメリカなのか。「管理会計」と「史」をタイトルに有する書はその多くが「アメリカ」(ないし「米国」)をタイトルに併せもつ。

　『管理会計発達史――アメリカ巨大製造会社における管理会計の成立』[25]
　『アメリカ管理会計史』[26]
　『米国管理会計論発達史』[27]
　『アメリカ管理原価会計史――管理会計の潜在的展開過程』[28]
　『アメリカ鉄道管理会計生成史――業績評価と意思決定に関連して』[29]
　『アメリカ管理会計生成史――投資利益率に基づく経営管理の展開』[30]

　むろん，如上のタイトルは単に，この書はアメリカにおける管理会計史を扱う，といった意味にも解されようが，しかし，叙上のように，管理会計史は「その多くが「アメリカ」を」扱っているのは，やはり管理会計史の舞台はアメリカ，ということか。
　また，タイトルに「アメリカ」のない『管理会計発達史論』[31]

25　田中隆雄, 1982 年。
26　上總康行, 1989 年。
27　廣本敏郎, 1993 年。
28　足立浩, 1996 年。
29　高梠真一, 1999 年。
30　高梠真一, 2004 年。
31　辻厚生, 1971 年。

においても「管理会計は,アメリカ資本主義が自由競争段階から独占段階へと移行する,まさに世紀の転換期に誕生したとされた」[32]ともされ,伊藤博は「管理会計の生成・発展過程は……アメリカ管理会計史そのものといってさしつかえない」[33]と述べている。さらにまた,鈴木一道による稀有なイギリスの管理会計史はのっけから「管理会計は……アメリカで誕生し成長した」[34]と断ずる。

ちなみに,鈴木によれば,「イギリスにおいては,管理のための原価計算が 16,17 世紀にも存在していた」[35]が,「しかしながら,それが今日の管理会計の直接の祖先であったという議論に組するわけにはいかない」[36]とされ,「イギリスで発達した原価計算は,19 世紀末から 20 世紀にかけて……アメリカに移植され」[37],やがて「アメリカの逆転」[38]をみ,やがてイギリスは「管理会計をアメリカから学んだ」[39]とされる。

諸文献における如上の状況下,さて,ボインズとエドワーズの『管理会計史』は *The British Experience* と副題し,すなわち鈴木の管理会計史と同様,稀有なイギリス管理会計史にほかならず,しかも,「20 世紀における管理会計の発展についてはアメリカが

---

[32] 上總康行『アメリカ管理会計史［上巻］ 萌芽期—生成期』1989 年,4 頁。
[33] 伊藤博『管理会計の世紀』1992 年,5 頁。
[34] 鈴木一道『イギリス管理会計の発展』2001 年,「はしがき」1 頁。
[35] 同上,94 頁。
[36] 同上,94 頁。
[37] 同上,95 頁。
[38] 同上,98 頁。
[39] 同上,99 頁。

擢んでおり，また，新しい技法や接近法はまずはアメリカの企業に，しかも，イギリスにおいてよりも遙かに広汎に導入された，とする見解は……立証が困難」[40] として「イギリスにおける発展はアメリカにおけるそれと大いに異なっていた」[41] と続ける。

管理会計と管理会計論　文献ないし理論と実践の関係については種々の見解があろう。そもそも「文献ないし理論」という言い様にも問題はあろうが，ボインズとエドワーズは「理論と当時において入手可能であったその分野の文献を同等視する」[42]。

さて，文献ないし理論と実践の関係については種々の見解があろうが，或るときは一方が先行し，また，或るときは他方が先行する，とされ[43]，すなわち，例えば簿記書と簿記実践の関係については「『スムマ』の登場前後からおよそ1世紀の簿記書は，そこでおこなわれていた簿記を解説することにもっぱらの目的があった。簿記書よりも簿記実践が優っていたのであった。しかしながら，17世紀の簿記書にしめされるものは実践に先行した簿記法となっていた」[44] とされ，概して管理会計に内包される[45]

---

40 Boyns and Edwards, *A History of Management Accounting*, p.3.
41 *Ibid.*, p.3.
42 Trevor Boyns and John Richard Edwards, 'The Development of Cost and Management Accounting in Britain,' in Christopher S. Chapman, Anthony G. Hopwood, and Michael D. Shields (eds.), *Handbooks of Management Accounting Research*, Vol.2, 2006, p.1021.
43 Boyns and Edwards, *A History of Management Accounting*, pp.6-7.
44 友岡賛『歴史にふれる会計学』1996年，113頁。
45 Boyns and Edwards, *A History of Management Accounting*, pp.1-2.

原価計算についても，例えばデビッド・ソロモンズ（David Solomons）によれば，19世紀半ばにあってイングランドの原価計算実践は理論に先行しており，1870年以降には「原価計算ルネサンス」と称される状況がもたらされ，1880年代ないし1890年代にはこの分野の文献が増え始めるが，そこに新しい知見をみることはできず，他方また，1910年頃から1950年頃までの時期には従前の文献に示された知見の実践における活用をみることができる，とされている[46]。

なお，「原価計算ルネサンス」はR. H. パーカー（R. H. Parker）の会計プロフェッション史において次のように説明されている。

「原価計算は比較的徐々に発展した。エミール・ガーク（Emile Garcke）とジョン・メインジャー・フェルズ（John Manger Fells）とによってものされたこの科目にかんする最初のスタンダード・テキスト（*Factory Accounts*）が漸う上木されたのは1887年のことであった。それまではこの手の書にたいする需要がなかったことの最も尤もな事訳は，産業革命における勝れた技術および19世紀における市場の廓大によって少なくも工業は好調であったため，製造業者は原価計算の方法に意を用いる必要がほとんどなかった，ということである。しかしながら，1880年代までには，利益率が低下をみ，価格設定は競合性を増し，また，会社は資本集約性を高め，間

---

[46] David Solomons, 'The Historical Development of Costing,' in David Solomons (ed.), *Studies in Costing*, 1952, pp. 17, 52.

接費が重要性を高めるにいたっていた。その結果が「原価計算ルネサンス」であった」[47]。

ただし，「このルネサンスにおける先導者は主要な会計士事務所ではなくして（ガークのような）エンジニアおよびフェルズのような人々であった。1897年の結婚証明書において「ビジネス・オーガナイザー」と自称していたフェルズがのちにその評議員および試験委員に名を列ねることとなる《法人会計士監査人協会》に漸う入会したのは1902年のことであった。彼は1899年以降，ロンドンはシティにおいてコンサルティング会計士業を営み，また，鉄道料金の専門家とされていた」[48]。

　エドワーズによれば，「1900年より前においては会計士たちが管理会計業務に従事していた形跡が驚くほど少ない」[49]が，「この奇妙な事実はスノビズムを理由に説明されよう」[50]とされ，また，筆者の会計プロフェッション史によれば，「19世紀にあって「会計プロフェッションの指導者たちは当初，原価計算を高く評価していなかった」（パーカー）。原価計算というものを低くみていた勅許会計士らは，あのようなものは自分たちの仕事ではない，と考えていた。……このような原価計算にたいする認識を改めさ

47　R. H. パーカー／友岡賛，小林麻衣子（訳）『会計士の歴史』2006年，71頁。
48　同上，72頁（（　）書きは原文）。
49　J. R. Edwards, *A History of Financial Accounting*, Routledge, 1989, p. 272.
50　*Ibid*., p. 3.

せたのは第1次世界大戦だった」[51]とされており，ちなみに，前章にはエドワーズの新旧二つの通史が取り上げられたが，旧の『財務会計史』にはみられる管理会計への言及が新の『イギリス企業財務報告史』にはなく，これは「『財務会計史』はこの新しい書（『イギリス企業財務報告史』）よりも対象範囲が広く，初期の記録やイギリスにおける会計プロフェッションの発展に関する章，それに「何ゆえに会計の歴史を気に懸けるのか？」と題する序章を有していたが，今回の書にあってこれらはすべて削除されている」[52]ためであり，すなわち，パーカーもエドワーズも，それに筆者も，会計プロフェッション史において管理会計に言及する。

閑話休題。ただし，ボインズとエドワーズの『管理会計史』によれば，理論と実践の関係は決して単純なものではなく，理論は思考によって独創されることもあれば，実践から導出されることもあり，前者の行き方が優位にある場合の理論には適合性の低下，実践との乖離がみられることになる[53]が，他方，筆者によれば，一般的には下記のような傾向が認められよう。

　「管理会計のベスト・プラクティスは会計を行う者によって追求され，その意味において，実践が理論（管理会計論）に先行する。しかも，管理会計には，財務会計とは違い，役に

51　友岡賛『会計士の誕生——プロフェッションとは何か』2010年，113頁（（　）書きは原文）。
52　John Richard Edwards, *A History of Corporate Financial Reporting in Britain*, 2019, p.xv.
53　Boyns and Edwards, *A History of Management Accounting*, p.7.

立たなければ（適合性ないし目的適合性（relevance）がなければ）意味がない，といった認識がみられ，そうした認識があるからこそ，適合性の喪失が意識され[54]，実践に先行された理論は，適合性の喪失，と，実践の後塵を拝していること，を重ねて強く意識する。ひるがえって，財務会計は会計を行う者（経営者）にベスト・プラクティス追求の動機がなく，その意味において，理論（財務会計論）が実践に先行する」[55]。

ただしまた，ボインズとエドワーズは次のようにも述べている。

1870年以降の原価計算文献の急増は，前述のように，「原価計算ルネサンス」と称されるが，他方，それ以前の時期の簿記文献には原価計算に関する記述が殆どみられなかったという事実が注目される。産業革命期の企業家は，参照しうる文献がなかったにもかかわらず，洗練された原価計算法を活用しており，19世紀末ないし20世紀前半に至っても実践が文献に先行していたが，20世紀の後半には原価計算および管理会計における理論の進化がみられ，理論が実践に先行することとなる。こうした逆転が生じたのは第2次世界大戦後のことだったが，原価計算および管理会計における理論重視の動向は必然的に文献における適合性の喪失をもって意味した[56]。

---

54 ジョンソン，キャプラン／鳥居（訳）『レレバンス・ロスト』。
55 友岡賛『会計学の基本問題』2016年，160頁（（ ）書きと圏点は原文）。
56 Boyns and Edwards, 'The Development of Cost and Management Accounting in Britain,' pp. 1021-1023.

ちなみに，例えば某学会の管理会計に関する某委員会は「イノベーションを起こすこと」[57]に寄与すべきこれからの管理会計の検討に際して以下のように述べているが，実践（実務）と理論（研究）の関係がよく分からない[58]。けだし，やはり，まずは実践ありき，ではないのだろうか。

> 「管理会計が知の活用のみならず，知の探索をいかに支援できるかは，今日，もっとも重要なテーマである。たとえば，知的資産の測定方法の開発，……インセンティブと創造性の関係など，従来の管理会計の限界を超えるような研究も始まっている。……本特別委員会においては……知の活用・探索と管理会計の関係についての検討を行う。そして，国内外に向けて実務および理論の発展に貢献できるような積極的な発信を行っていきたい」[59]。

　閑話休題。むろん，そもそも会計学（理論）の起点をどこに求めるか，ということが難問ながら，管理会計は実践が先行し，財務会計は理論が先行する，という理解は，管理会計は財務会計より先にあった，とする理解と軌を一にする。

---

[57] 日本会計研究学会特別委員会（委員長・三矢裕）「知の活用・探索と管理会計に関する研究（中間報告）」2018年，4頁。

[58] 筆者はこの委員会の口頭発表（2018年9月4日）の際にこの関係について質問したが，回答は意味がよく分からなかった。

[59] 日本会計研究学会特別委員会（委員長・三矢）「知の活用・探索と管理会計に関する研究（中間報告）」4頁。

難問ながら，さて，会計学はその起点をどこに求めるか。

例えば片岡泰彦はルカ・パチョーリ（Luca Pacioli）をもって「会計学の父」[60]ないし「近代会計学の父」[61]と称し，「近代会計学の父」という称し方はA. C. リトルトン（A. C. Littleton）の「we look upon……Paciolo[62] as the father of modern accounting」[63]という記述に依拠しているが，リトルトン著の翻訳書においては「近代会計の発足点（father）」[64]と訳されているのに対し，片岡は「リトルトンは，『会計発達史』の中で，パチョーリ[65]（ママ）を近代会計学の父（The Father of modern accounting）と称し，高く評価している」[66]としている。いずれにしても，「会計学の父」や「近代会計学の父」といった称し方にも疑義がないでもないが，たとえこの称し方が妥当だとしても，会計学の父が会計学者とは限らず，父たるパチョーロ（Paciolo）が生きた時代に会計学があったとは限らない。パチョーロ自身は会計学者ではなく，しか

---

60 片岡泰彦「ドイツ式簿記とイタリア式簿記——フッガー家の会計制度と16〜19世紀のドイツ簿記書」中野常男，清水泰洋（編著）『近代会計史入門』2014年，47頁。

61 片岡泰彦『イタリア簿記史論』1988年，99頁。
片岡泰彦「複式簿記の誕生とパチョーリ簿記論——イタリア簿記史」平林喜博（編著）『近代会計成立史』2005年，19頁。

62 姓のみの場合はパチョーロ。

63 A. C. Littleton, *Accounting Evolution to 1900*, 1933, p.3.

64 リトルトン／片野一郎（訳），清水宗一（助訳）『会計発達史（増補版）』1978年，3頁。

65 注記62をみよ。

66 片岡泰彦「複式簿記の生成・発展と「パチョーリ簿記論」への展開」千葉準一，中野常男（責任編集）『体系現代会計学［第9巻］ 会計と会計学の歴史』2012年，69頁（（　）書きは原文）。

し，遙かのちの時代における会計学の誕生にとって父のような存在だった，ということかもしれない。

また，「会計学の父」ではなく，「会計の父ルカ・パチョーリ」[67]という述べ方をする渡邉泉[68]は「会計学の誕生」[69]について「18世紀末から19世紀前半にかけて登場する産業革命は，これまでの配当可能な実現利益の計算を中心にした損益計算から新興株主への情報提供機能を中心にした損益計算へと大きくその役割を変えていくことになる。会計学の誕生である」[70]と述べ，あるいは「18世紀末から巻き起こる産業革命によって，産業資本は，損益計算技法として誕生した複式簿記を会計学へと進化させていく」[71]とし，あるいは「複式簿記は……19世紀を迎え，新たに生じてきた様々な社会現象に論理的・実証的に対応しうる体系的知識，すなわち科学として確立を見る。それが社会科学としての会計学である」[72]としているが，「配当可能な実現利益の計算を中心にした損益計算から新興株主への情報提供機能を中心にした損益計算へ」はこれがどうして「様々な社会現象に論理的・実証的に対応しうる体系的知識」に繋がるのか。

---

[67] 渡邉泉『会計学の誕生――複式簿記が変えた世界』2017年，70頁。
[68] もっとも渡邉は用語法に緻密さを欠き，例えば次のような記述もある。「会計学は，日々生起する経済事象を認識し，事実にもとづいて利益を測定し，その結果を利害関係者に情報提供する行為である」（渡邉泉「会計学者の責任――歴史からのメッセージ」『産業經理』第78巻第2号，2018年，6頁）。
[69] 同上，6頁。
[70] 同上，6頁。
[71] 同上，8頁。
[72] 同上，11〜12頁。

会計の機能の再発見

閑話休題。「財務会計は会計を行う者（経営者）にベスト・プラクティス追求の動機がなく」，したがって，ときに規制の必要が生ずる。前出の藤井は「1673年のフランス商業条例[73]」をその代表例とし，また，リトルトンは19世紀前半のイギリスの会社法をもって挙げる[74]。

リトルトンによれば，会計の歴史は三つの再発見をもって捉えられる。むろん，会計それ自体は自然に存在したものではなく，したがって，発見されたものではないが，リトルトンによれば，複式簿記ないしイタリア式資本・利益会計ないし実在勘定と名目勘定の巧みな統合として生まれた会計はその後，その潜在的機能が3度にわたって再発見されてきた，とされ，まずは財務会計の機能，次いで管理会計の機能，そして社会会計の機能，とされる[75]。

まずは19世紀前半のイギリスにおいて，あるいは詐欺的な企業から投資者を保護すべく，あるいは公益事業への出資を促すべく，帳簿記録を行い，年次貸借対照表を作成し，監査を受けることが法，けだし，すなわち1844年株式会社法[76]や公益事業を対象とする1845年会社約款統一法[77]等の規定[78]によって要求され

---

73 「商事王令」，「商人法典」，ないし「サバリー法典」などとも称される（友岡『歴史にふれる会計学』94頁）。
74 大森明「会計領域の拡大の軌跡と展望」『横浜経営研究』第33巻第1号，2012年，101～102頁。
75 A. C. Littleton, 'Accounting Rediscovered,' *The Accounting Review*, Vol. 33, No. 2, 1958, pp. 246-247.
76 An Act for the Registration, Incorporation, and Regulation of Joint Stock Companies, 7 & 8 Vict. c. 110.
77 The Companies Clauses Consolidation Act, 8 & 9 Vict. c. 16.
78 友岡賛『近代会計制度の成立』1995年，19～20頁。

た状況のなかに財務会計の再発見が認められ[79]，次いで20世紀初頭のアメリカに管理会計の再発見があり，また，その後，二つの世界大戦と戦間期の不況の産物として社会会計の再発見があった，とされている[80]が，ただし，社会会計は本章の埒外としてさて措かれる。

「管理会計」の語はこれを用いていないリトルトンは，しかし，20世紀初頭のアメリカに，大規模なメーカーの運営上の意思決定支援，という機能の再発見があった，とし，これは大量生産のための多額の固定資産投資の必要性や競争の激化による製造原価低減の必要性によってもたらされた，としており，また，「管理会計（management accounting）」の語はこれを用いていないリトルトンは，しかし，近代における会計の発展に対するアメリカの貢献は「administrative accounting」の語にまとめられるだろう，としている[81]が，「administrative accounting」はこれも「管理会計」と訳しえようか。

リトルトンの「再発見」については，いいえて妙，というべきか。

新たに生まれた，ということではなく，潜在していたものが顕在化した，ということであって，これを前出の「○○」という語の存在の重要性の問題に鑑みて考えるとどうなるか。

---

79 「しかし……1673年に「商業条例」が制定されたことを，財務会計の再発見の前兆としてみることができる」（大森明「会計領域の拡大の軌跡と展望」102頁）。
80 Littleton, 'Accounting Rediscovered,' p. 247.
81 *Ibid.*, p. 247.

潜在していた管理会計の機能が再発見された，顕在化した，ということは，管理のための会計はつとに行われてはいたものの，そのかみ，それとしての認識は未だなく，認識されるに至って初めて「管理会計」の語が用いられるに至る，ということと同様か。いや，潜在していた，ということと，行われていた，ということはやはり同じではないだろう。

　では「潜在」とは何か。顕在化する，ということと，認識される，ということは同じことか。

第4章

取得原価主義会計論への固執

取得原価主義会計こそが会計であり，取得原価主義会計論こそが会計学である，と考えたい。

稀有の『取得原価主義会計論』　79
取得原価主義の論拠としての客観性の類いの属性　81
取得原価主義の2種の論拠　83
取得原価数値の特長的属性　84
「実現」概念　90
受託責任（stewardship）　93
会計学は取得原価主義会計論なのか　99

稀有の『取得原価主義会計論』

　20年前のことだが,『取得原価主義会計論』[1]という書を目にして驚いた。『インフレーション会計論』や『価格変動会計論』や『価値変動会計論』や『貨幣価値修正会計論』や『貨幣価値変動会計論』や『時価会計論』や『時価主義会計論』や『時価評価会計論』や『物価変動会計論』[2]といった書は枚挙に遑がないが,「取得原価」の語をタイトルにもつ書は未だかつてみたことがなかった。もっとも「歴史的原価 (historical cost) は, 取得原価 (acquisition cost), 実際原価 (actual cost), 原初原価 (original cost) あるいはただ原価 (cost) ともいわれ」[3], 副題に範囲を拡げれば,『原価主義・時価主義・価値主義会計論の検討』という副題をもつ書[4]は既にみることができたし, また,『会計観の転換と取得原価主義会計の可能性』という副題をもつ書[5]も上梓されていた[6]が, しかしながら, いずれにしても, 現在に至るまで『取得原価会計論』や『取得原価主義会計論』や『歴史的原価会計論』や『歴史的原価主義会計論』といった書は一つしか知らない。

1 　田中弘（編著）『取得原価主義会計論』1998年。

2 　50音順。

3 　若杉明『企業利益の測定基準』1985年, 214頁（（　）書きは原文）。

4 　榊原英夫『規範的財務会計論——原価主義・時価主義・価値主義会計論の検討』1986年。

5 　藤井秀樹『現代企業会計論——会計観の転換と取得原価主義会計の可能性』1997年。

6 　下記のものもあるが, 些か特殊なものであるため, 存在の指摘に止める。

　竹井芳雄『我が国の資産評価の歴史的変遷とその現代的意義——取得原価基準・時価基準・低価基準』1995年。

むろん,これには種々の理由が考えられよう。けだし,ここおよそ80年[7]の間,制度として行われてきた会計はこれが取得原価主義会計であって,現行制度をもって批判することこそが学者の仕事,と考える向きからすれば,現行制度の取得原価主義会計を廃し,ほかの何かでもって代替する,という行き方こそを論ずるべきであって,そうした代替案を示す試みが『時価主義会計論』や『物価変動会計論』だった,ということだろうか。

　『会計観の転換と取得原価主義会計の可能性』という副題をもつ前出の書は「取得原価主義会計にもとづいて作成された財務諸表においてはオフバランス取引にともなう便益やリスクが開示されないために,当該財務諸表によっては企業の業績評価やリスク管理に役立つ情報が適切かつ適時に情報利用者に提供されないというのが,取得原価主義会計にたいする批判の主たる論点である」[8] [9]として,ただし,「現在すでに「ある会計」としての取得

---

[7] 「取得原価主義会計は,世界の主要諸国において,またわが国においては昭和13年(1938年)の改正商法以来……企業会計の基本的な計算システムとして確立され,存続してきている」(広瀬義州「取得原価主義会計のフレームワーク」田中弘(編著)『取得原価主義会計論』1998年,19頁)。

　「米国では,1920年代から1930年代にかけて……不健全な資産再評価の実務が行われ……かかる実務は大恐慌を加速させた一因として責任を帰せられたこともあり,証券取引委員会は爾後……純粋な歴史的原価会計擁護の姿勢を貫くこととなった」(角ヶ谷典幸「歴史的原価会計は危機に瀕しているのか」『企業会計』第71巻第1号,2019年,61頁)。

[8] 藤井『現代企業会計論』8頁。

[9] オフ・バランス取引について下記のものを参照。
　友岡賛『会計学の考え方』2018年,第6章。

原価主義会計の変革とその影響について議論するためには，それに先立って，変革の対象となる取得原価主義会計の現状が「同定」（identify）されていなくてはならない」[10]との認識の下，取得原価主義会計を俎上に載せており，また，冒頭に言及された稀有の『取得原価主義会計論』は「デリバティブなどの金融商品の取引等から生じる損益を不透明なままにしておいたり，株式や不動産の価格が異常に騰貴し，資産の貸借対照表価額が実態から乖離する現象が顕著になったり，企業が巨額の含み益を使って益だし行為を繰り返したり，あるいは，その後価格が暴落して含み損が生じてもこれを報告しなかったり，そのたびに，取得原価主義会計は批判の矢面に立たされてきた」[11]として，「取得原価主義会計の今日的存在意義や限界を，断片的にではなく，総合的・重層的に調査・研究することを目的として……行った研究の成果の一端である」[12]とする。

取得原価主義の論拠としての客観性の類いの属性

かつて「まずはおよそ論理的に非ざる言い様をすることになるが，やはり収益費用アプローチ，取得原価主義，それに名目資本維持に固執したい。収益費用アプローチ，取得原価主義，そして名目資本維持こそが会計に存在意義を与えているものであって欲しい」[13]と述べた筆者は，ただしまた，

---

10 藤井『現代企業会計論』9頁（（　）書きは原文）。
11 田中（編著）『取得原価主義会計論』「はしがき」1頁。
12 同上，2頁。
13 友岡賛『会計と会計学のレーゾン・デートル』2018年，87頁（圏点は原文）。

「取得原価主義については客観性（ないし検証可能性）以外の論拠を用いたい。客観性では面白くない」[14]と続けたが、『会計観の転換と取得原価主義会計の可能性』という副題をもつ前出の書は「オフバランス取引をオンバランス化するためには、取得原価主義会計における伝統的な認識を何らのかたちで拡張する必要がある」[15]として、「認識プロセスのそうした変容は、会計数値の「硬度」（hardness）を多かれ少なかれ後退させることにつながる」[16]としており、むろん、「硬度」と「客観性」は意味を異にする概念[17]ながら、筆者にとって「面白くない」のは同様という

14　同上、88頁（（　）書きは原文）。
15　藤井『現代企業会計論』279頁。
16　同上、279～280頁（（　）書きおよび圏点は原文）。
17　「人々がその数字に異論をとなえるのがむずかしいように厳格につくられた測定値」（井尻雄士『会計測定の理論』1976年、54頁）が硬い測定値とされ、「特定の状況においては、どの事実にどの測定規則をあてはめて、どういう数値をつくり出すべきかが、明確かつ一意的に、しかもあとで検証可能なように規定されている測定」（同上、55頁）が硬い測定とされ、「測定の硬度は、測定の標準化と一意性の両面で客観性よりもさらにきびしい条件を要求する」（同上、55～56頁）とされる。

客観性は「当該対象物を知覚する人々の間の意見の合致（consensus）として定義」（同上、56頁（（　）書きは原文））され、これは「偏りのない人々の間での合意」（同上、57頁）であって、「測定の結果について利益的に中立な会計人の間にある高度の合意として解釈できる」（同上、57頁）とされる一方、「測定の硬度は、そういう中立的状況を前提としていない」（同上、57頁）。

「競争的状況における測定の結果は、中立的状況における結果よりも実体を明らかにすることが多い。人々が測定の結果に対して中立的で無関心であるときには、多くのものを見過ごしてしまうからである」（同上、61頁）。

べきか。むろん,「硬度」と「客観性」は意味を異にする概念ながら,筆者とすれば,この手の属性をもって取得原価主義の論拠とすることが「面白くない」。また,某誌の「現代会計の危機」と題する特集に収められた「歴史的原価会計は危機に瀕しているのか」と題する論攷は「歴史的原価会計の堅固性を確認したい」[18] としつつ,「財務報告書は（ほぼ）事実であること,すなわち信頼性が高く,検証可能な見積もりに固執すべきである」[19] と結んでいるが,「信頼性」も「検証可能性」も「この手の属性」にほかならない。

取得原価主義の2種の論拠

稀有の『取得原価主義会計論』に示された取得原価主義の論拠の類いを拾い出してみると,「未実現利益の排除」[20],「処分可能利益の算定」[21],「（情報の）追跡可能性」[22],「客観的証拠」[23] と続き,「（情報の）追跡可能性」については監査に関する件（くだり）において「資産の購入時からその後の費消または売却に至るまでの数値を追跡できる（これを追跡可能性という）という情報特性をもっている取得原価主義会計システムを前提にしなければ,実査,立会,確認などの監査手続によって得られる確証的な監査証拠を入手することは

---

[18] 角ヶ谷「歴史的原価会計は危機に瀕しているのか」60頁。
[19] 同上,67頁（（ ）書きは原文）。
[20] 広瀬「取得原価主義会計のフレームワーク」21頁。
[21] 同上,22頁。
[22] 同上,24頁。
[23] 同上,25頁。

困難である」[24] とされ,「客観的証拠」については受託責任 (stewardship)[25] に関する件において「受託責任遂行状況の報告が,計算書類の承認によって解除される以上,少なくとも計算書類等作成の根拠となる会計情報の正確性が客観的証拠によって立証されるものでなければ,委託者である株主は納得しない」[26] とされ,また,「逆にいえば,会計情報が財務諸表監査を通じた信頼性によって担保されており,取締役がその責任の所在を弁明しうる追跡可能性の特性を有する会計情報を広く提示するのでなければ,取締役の受託責任は解除されない」[27] とされる。

すなわち,一方に「未実現利益の排除」や「処分可能利益の算定」といった利益計算にかかわる論拠の類い,他方に「追跡可能性」や「情報の正確性」にかかわる「客観的証拠」といった情報の属性にかかわる論拠ということか。

取得原価数値の特長的属性

前々項は種々の属性をもって「この手の属性」とまとめてしまったが,取得原価の客観性には下記の二通りの意味がある[28]。

① 取得原価数値は,売り手と買い手の取引関係において客

---

24 同上,24頁(( ) 書きは原文)。
25 受託責任について下記のものを参照。
   友岡『会計学の考え方』第7章。
26 広瀬「取得原価主義会計のフレームワーク」25頁。
27 同上,25頁。
28 友岡賛『会計学原理』2012年,164頁(( ) 書きおよび圏点は原文)。

　　　　・・・・・・・・・・・
　　観的に決定された数値，という意味において客観性を有す
　　る。
　② 取得原価数値（歴史的原価数値）は，過去の事実のなかに
　　・・・・・・・・・・
　　客観的に存在する数値（過去の事実にもとづく客観的な数値），
　　という意味において客観性を有する。

　前項に述べられた「追跡可能性」や「客観的証拠」は②に類し，他方，「米国では，1920年代から1930年代にかけて……不健全な資産再評価の実務が行われ……かかる実務は大恐慌を加速させた一因として責任を帰せられたこともあり，証券取引委員会は爾後……純粋な歴史的原価会計擁護の姿勢を貫くこととなった」[29]が，その際，証券取引委員会「が拠り所としたのは，『会計原則試案』と『会社会計基準序説』であった」[30]とされる『会社会計基準序説』，すなわちW. A. ペートン（W. A. Paton）とA. C. リトルトン（A. C. Littleton）の *An Introduction to Corporate Accounting Standards* にいわれる取得原価の客観性は①であって[31]，「不健全な資産再評価」に対するものは「客観的に決定された数値」といえようか。

　また，「厳格につくられた測定値」がすなわち硬い測定値とされる[32]硬度という属性は①に類しようし，検証可能性は②に類しようが，信頼性は①と②の両者に跨る属性というべきか。

29　注記 7。
30　角ヶ谷「歴史的原価会計は危機に瀕しているのか」61頁。
31　友岡『会計学原理』164頁。
32　注記 *17* をみよ。

ただし,さらにまた,取得原価主義を唱える[33]ペートンとリトルトンの書は「会計の基底に存する基礎概念」[34]の一つに「検証力ある客観的な証拠」を挙げており,邦訳者はこの基礎概念を次のように説明している。

「「検証力ある客観的な証拠」は,会計がその機能を正当に遂行しうるためには,会計諸記録がこのような証拠に基礎づけられていることを必要条件とするという基礎概念の意味に解される。この「検証力ある (verifiable)」という言葉は,語感としては「検証可能な」という訳を予想せしめるが,文意から考えると,「会計数字の信憑性を裏付けるという役割を担った」証拠という意味であるから,「検証力ある」と訳さざるをえないと考えている。すなわち,証拠は検証の目的ではなく検証の主役なのであり,これによって会計数字が検証可能となるのであって,証拠が検証可能なのではないのである……会計の基礎となる諸記録は,客観的でかつ検証力ある証拠によって検証されたものでなければならない。……客観的妥当性を有しかつ検証能力をもつ根拠に裏付けられていなければならないというのである。会計が伝統的に,実際に発生した("historical"とはこの意味である)外部との取引に裏付けられた数字にもとづいて会計情報を作成してきたのはこの

---

[33] 友岡『会計学原理』163頁。
友岡『会計と会計学のレーゾン・デートル』99頁。
[34] ペイトン,リトルトン/中島省吾(訳)『会社会計基準序説(改訳版)』1958年,12頁。

ような意味においてである」[35]。

　証拠とは何か。証拠とは取引事実のことなのか，証憑書類のことなのか，会計記録のことなのか。取引事実があるからこそ証憑書類があるともいえようが，下掲の記述によれば，ペイトンとリトルトンのいう証拠は証憑書類の類らしい。

>「記録された収益は，相互に独立した当事者間の真実の販売から作製された客観的な証拠 (the objective evidence furnished by bona fide sales to independent parties) を基礎としてのみ有効とせられた。記録された支出は，その取引に関する確実な営業上の文書 (authentic business documents) によって備えられた客観的な証拠を基礎としてのみ有効とせられた」[36]。
>「「証拠」は送り状および伝票以上の何物かであろうし……」[37]。
>「「証拠」とは，真実を確かめ証明を行う手段である。たとえば確実な営業上の文書は，その真実性を主として外部の当事者との交渉から導き出そうとする証拠の一形式である。受け入れうる証拠の効果は，それが当面の事実の真実性の関する確信をもたらすことにある。「検証力ある証拠」はそれゆえ，事実を打ちたてるのに助けとなるような性質を備えた証拠で

---

[35] 中島省吾『「会社会計基準序説」研究』1979年，47～48頁（（　）書きおよび圏点は原文）。
[36] ペイトン，リトルトン／中島（訳）『会社会計基準序説（改訳版）』29頁。
W. A. Paton and A. C. Littleton, *An Introduction to Corporate Accounting Standards*, 1940, p. 18.
[37] ペイトン，リトルトン／中島（訳）『会社会計基準序説（改訳版）』29頁。

ある。ここにいう「客観的」とは，事実を個人的な偏見（personal bias）から乱すことなしに表現することを指している。……「客観的な証拠」とは，それゆえ，非個人的（impersonal）でその当事者の根拠なき意見または希望と対照的に，もっとも関係の深い当事者にとって外的な証拠である」[38]。

「客観的な証拠」というからには，むろん，客観的な証拠ということなのだろうが，客観的な事実に関する証拠という意味はないのか。

ペートンとリトルトンの書には「会計上の事実は必ずしも決定的に客観的でもなく……」[39]，あるいは「客観的な事実」[40]，あるいは「客観的に決定された（objectively determined）」[41]，あるいは「減価償却の完全に客観的な決定は，その設備項目が永久にその用役を免ぜられたときにのみあらわれる。貸倒金の同様な意味での決定は，顧客が破産して債務を免ぜられたときのみ行われる」[42]といった記述もみられ，前述のように，この書にいわれる取得原価の客観性は①で（も）あって，取引事実における，客観的に決定される額，を（も）重視されており，「客観的」を「非個人的」と別言するこの書は「具体的には……それを「公正なる

38　同上，30頁。
　　Paton and Littleton, *An Introduction to Corporate Accounting Standards*, p. 19.
39　ペイトン，リトルトン／中島（訳）『会社会計基準序説（改訳版）』30頁。
40　同上，31頁。
41　同上，31頁（（　）書きは原文）。
42　同上，32頁。

取引（arm's length transaction）」に求めている」[43]。

「価格総計は取引についての主要な量的な事実であり，客観的に決定された金額として受け入れられ記録に使用せられるべきである。しかも，もしこの価格総計が当事者一方のみの判断にもとづいているならば，客観的に決定されたとの名に値いしないということを銘記すべきである。原価の数字を有効なものたらしめる条件は，自己の利害の意識にもとづいた，互いに独立した当事者双方（two independent parties motivated by self-interest）の自発的な行動である。商議にもとづく交換が完全に成立した瞬間に生れた価格総計は相互に受け入れうる「評価」にほかならぬ」[44]。

「純粋な意味で，相互に独立している当事者間の精一ぱいの商議（arm's-length bargaining between genuinely independent parties）の結果とはいえない取引においては，「価格」はある程度の懐疑をもって見られるべきである」[45]。

---

[43] 友岡賛「「客観性概念」論＜その１＞――伝統的な解釈を中心に」『三田商学研究』第30巻第2号，1987年，113頁（（ ）書きは原文）。

[44] ペイトン，リトルトン／中島（訳）『会社会計基準序説（改訳版）』44〜45頁。
Paton and Littleton, *An Introduction to Corporate Accounting Standards*, p.26.

[45] ペイトン，リトルトン／中島（訳）『会社会計基準序説（改訳版）』46頁。
Paton and Littleton, *An Introduction to Corporate Accounting Standards*, p.27.

「実現」概念　他方，論拠の類いのうち，利益計算にかかわる「未実現利益の排除」や「処分可能利益の算定」はこれをどのように捉えるべきか。

もっとも「取得原価主義会計……の計算構造上の特徴……は，「原価－実現主義」といわれている」[46] ともいわれ，「処分可能利益を算定するためには……資産の評価益すなわち未実現利益の計上を排除する実現主義がとられ，またそのためには，常に，取得原価が資産評価の上限とされる原価主義がとられなければならないことになる」[47] ともいわれることからすれば，「未実現利益の排除」と「処分可能利益の算定」は同様のこと，ほぼ同義ともいえようが，まずは「実現」概念を俎上に載せる必要があろうか。

ただし，この「実現」概念についての筆者なりの整理は既刊の書[48]に譲ることとして，本章にあっては森田哲彌の整理が用いられる。

森田によれば，伝統的な「実現」概念ないし実現主義はこれを「(1)　当該企業が一方の当事者である市場取引が存在すること，(2)　顧客に対する給付の提供がなされていること，(3)　提供した給付の対価として流動性ある資産等を取得していることという三つの要件をみたしたときに収益は実現し，このような要件をみたして収益が実現した時点をもって収益を認識するのが実現主義である」[49] とまとめることができ，こうした実現主義の論拠は一般

46　広瀬「取得原価主義会計のフレームワーク」19頁。
47　同上，22頁。
48　友岡『会計学原理』125～139頁。
49　森田哲彌「実現概念・実現主義に関するノート」『一橋論叢』第83巻第1号，1980年，110頁。

第4章　取得原価主義会計論への固執　91

に「収益獲得ないしは収益金額の確実性に求め」[50]られていたが，その後，「実現」概念には修正の提案がみられ，すなわち「受け入れた資産の流動性……は不必要であり，客観的測定可能性という属性がみたされれば十分である」[51]とされ，また，「顧客に対する役務の提供ということ……に代えて，収益獲得過程における決定的事柄である行為がなされたことを実現の要件とする」[52]とされ，後者については「当期の業績を反映するような期間利益の計算・表示という観点」[53]によるものとされる。

ただし，森田は如上のことを次のように論じている。

「伝統的な実現概念に含まれていた「流動性ある資産の受け入れ」という要件を，単に確実性の保証のための一要因とだけ解することは妥当であろうか。確実性の観点からのみ展開を遂げていった実現概念において，まっ先に否定されてしまったこの要件には，計算される利益の分配可能性を考えてのことではなかったのか。……しかしながら，反面，実現主義が計算される利益の分配可能性を強調するのであれば，なぜ，「流動性ある資産」ではなく，現金の受け入れを要件としなかったのかという問題が生ずる。……分配可能性を有するという……要求を完全にみたすためには，収益認識基準は現金基準でなければならない。しかしながら期間利益計算に

50　同上，111頁。
51　同上，112頁。
52　同上，112頁。
53　同上，113頁。

は……当該期間の業績，営業成果の計算・表示という，もう一つの要求がある。……この二つの要求は，常に一致するものではない。むしろ，互いに相容れないのが通例である。……伝統的な実現主義は，もともと，これら二つの利益概念（分配可能利益と業績表示利益）の妥協ないし折衷から生れた収益の認識基準であると解される。その場合，現金の受け入れという分配可能利益本来の要求は弱められ，業績表示利益の方向に歩み寄ってはいるものの，流動的資金の受け入れという歯止を設けることによって，それは，明らかに分配可能利益寄りの基準となっているのである」[54]。

「未実現利益の排除」と「処分可能利益の算定」はほぼ同義ともいえようが，しかし，完全に同義ではないのは「妥協ないし折衷」の所為か。

　ただしまた，「未実現利益の排除」は評価益を否定し，「処分可能利益の算定」は「妥協」がなければ，現金基準を求める一方，取得原価主義は評価益を否定し，しかし，現金基準を求めるものではない。とすると，「未実現利益の排除」と「処分可能利益の算定」はほぼ同義ともいえないのか。しかし，とすると，「未実現利益の排除」の意味は奈辺にあるのか。やはり畢竟，「確実性」や「客観的測定可能性」の類いなのか。

54　同上，115～116頁。

受託責任
(stewardship)
　『原価主義・時価主義・価値主義会計論の検討』という副題を有するいま一つの前出の書は取得原価主義の論拠をstewardship（受託責任）に求め、「会計の基本的機能として、現在株主に対するスチュワードシップについての報告機能を前提とするかぎり、原価主義会計が、もっとも有用な会計方法である」[55]と結論しているが、この結論に至るまでに幾つかの論拠を吟味している。

　すなわち、従前、取得原価主義の論拠として挙げられてきたものとして「継続企業」概念、「客観性」概念、分配可能利益の算定、そして「stewardship」概念が俎上に載り、まず「継続企業」概念は論拠たりえないとされ[56]、「客観性」概念はこれが①取引資料による検証可能性を意味する場合には論拠として適切ではないとされ、しかし、「客観性」概念が②測定者間の合意を意味する場合には、利害調整機能ないし持分保護機能を会計の基本的機能とする限りにおいて、論拠として適切とされる[57]。敷衍するに、①については、会計上の測定値に如上の検証可能性が求められる理由はこれが必ずしも明らかではなく、また、取得原価主義会計においても必ずしもすべての測定値に如上の検証可能性が求められているわけではない、との指摘がなされ、②については、利害調整機能ないし持分保護機能には測定者間の合意という意味の客観性が求められ、この意味の客観性は取得原価主義会計の測

55　榊原『規範的財務会計論』251頁。
56　同上、20頁。
57　同上、33頁。

定値が他の会計システムの測定値に勝っている，とされる[58]。また，分配可能利益の算定については，取得原価主義会計における「実現主義による収益は分配可能な形態の資産に裏づけられる。……しかしながら，実現した収益も，再投資されれば分配可能な資産の裏づけはなくなる」[59]としつつも，ただし，取得原価主義会計は，他の会計システムとの比較においては，分配可能利益の算定に役立ちを有する，とされる[60]。

かくして，既述のように，「原価主義による貸借対照表は，受託資本の管理保全についての報告に適しているし，損益計算書は，受託資本を増加させる責任についての報告に適している」[61]とされ，「stewardship」概念が取得原価主義の論拠として選択されることとなるが，しかしながら，その論拠としての選択の論拠の説明において「取引資料による検証可能性」や「測定者間の合意」や「利害調整機能ないし持分保護機能」や「分配可能性」といった既に吟味され，否定されたりもした概念が次々と無造作に用いられており，説得性に欠ける。

> 「受託資本を増加させる責任についての報告は，経営者と株主の両者が容易に納得できる測定値に基づかなければならないし，また，その報告は，分配可能な資産に裏づけられた測定値に基づかなければならないと考えられる。……実現主義

---

58 同上，30～33頁。
59 同上，42頁。
60 同上，42頁。
61 同上，54頁。

に従って認識される……原価主義会計のもとでの収益は……取引資料により検証可能な測定値であるので、それは測定者間の合意度が高い測定値で……経営者と株主の両者が容易に納得できる測定値であると考えられ……また、収益は……分配可能な資産に裏づけられた測定値であると考えられる。……なお、ここで論じた「受託資本を増加させる責任」は、明らかに、持分保護機能ないし利害調整機能の1つであると考えられる」[62]。

いずれにしても、要するに、客観性と処分可能利益の算定、ということか。そして、後者について現金基準に拘れば、やはり客観性しか残らないのか。

「stewardship」概念はこれが取得原価主義の論拠として選択されることの是非を考える際にはそもそもこの概念自体の意味を吟味する必要があり、具体的には、stewardshipの対象は過去の事象に限られるのか、あるいは、stewardshipは財産保全の責任に限られるのか、といったことが云々されなければならず、後者については、そもそも出資は利益の獲得、すなわち財産の増加を目的として行われる、ということをもって一応の答えとなろう[63]が、

---

[62] 同上、53～54頁。
[63] ただし、これは「stewardship」概念ではなく、「会計責任（accountability）」概念をもってする取得原価主義会計論ながら、「この（会計責任論の）考え方のもとでは、経営者による財産の運用成果の評価よりもむしろ保全管理が重視されるといわれ……会計責任論によって特定される財務会計の計算体系は取得原価主義会計に他ならない」（井 ↗

前者については次のようにもいわれる。

「歴史的には,財務諸表は,単に過去の取引の報告書として考えられてきた。その初期の形態では,会計は,個人の財産を記録するのに利用された。会計記録は,所有主に代わって財産を管理するために代理人が雇われるばあいにとくに重要となった。……企業が大規模化し,かつ所有主がその日常の業務の運営から離れるようになったので,会計は大変重要なものとなった。このことは,株式会社の拡大にともなってとくに顕著であった。このような"管理保全"(stewardship)の役割は,財務報告は本質的に過去をみるということであり,過去に生じてきた事象だけに関係するということを意味している」*64*。

このようにstewardshipの対象を過去の事象に求める向きはこの点においては取得原価を是としつつ,他方,「時価にもとづく財務情報が,意思決定にとって歴史的原価データよりもはるかに適合性があるということが論証されている」*65* としてstewardshipの履行と意思決定の支援をもって対置しているが,これにつ

↘ 上良二「経済の市場化と計算体系」井上良二(編著)『財務会計論(新版改訂版)』2014年,28頁(圏点は原文))ともいわれるが,その論拠は明示されていない。
64 R. W. スキィペンズ／山口年一(監修)／碓氷悟史,菊谷正人(訳)『インフレーション会計——財務会計情報と管理会計情報』1987年,120頁(( ) 書きは原文)。
65 同上,121頁。

いては種々の捉え方がありえよう。

例えば前出の森田は「出資者から過去に委託された資本，ないしは，期首時点で委託されていた資本が，その運用により，どのような原因でどれだけ増減し，現在，どのような形でどれだけ存在しているかという歴史的事実を報告すること」[66]をもって基本的なstewardship機能とし，取得原価主義は「まさに基本的なスチュワードシップ機能を果しているといえ……しかも，スチュワードシップ機能との関連で特に要求される会計数値の客観性，すなわち，検証可能性が大であり，個人的判断の介入の余地が最も少ない会計体系であるという点からも，原価主義会計の長所は十分認められる」[67]としつつ，しかしながら，と続け，しかしながら，出資者から委託された資本について，名目資本ではなく，購買力資本，あるいは実体資本を念頭に置いた場合，取得原価主義会計はstewardshipの履行という機能を果たしていないこととなる，としており[68]，また，stewardshipの履行と意思決定の支援の関係については「スチュワードシップ報告としての会計の機能を……単に受託財産に関する事実の報告そのものとして捉えるにとどまらず，それを通じて，出資者が受託者である経営者の手腕・能力を判断し，現在の経営者を交替させるべきか否かの意思決定を行うための情報としてこの報告を位置づけるならば，そこに要求される情報は，会計のもう一つの重要な機能とされる投資

---

[66] 森田哲彌「原価主義会計の問題点」森田哲彌（責任編集）『体系近代会計学［第8巻］ インフレーション会計』1982年，21頁。
[67] 同上，21頁。
[68] 同上，21頁。

家の投資意思決定のための情報提供において求められるものと,その内容においては殆ど変わらないものとなる」[69]としている。

まずは,名目資本維持をもってstewardshipの履行機能を果たしたことになるのか,という指摘であり,これについては,田中茂次が述べているように,「しばしば名目資本維持体系が取得原価主義とのみ結びつきうるかの如く誤解されることが多いが,必ずしもそうでない」[70]ということが留意されようが,この田中が資産評価の方法と「資本維持」概念の捉え方について[取得原価／名目資本維持],[取替原価／名目資本維持],[販売価格／名目資本維持],[割引現在価値／名目資本維持],[取得原価／一般購買力資本維持],[取得原価／総額実体資本維持],[取得原価／成果資本維持]などといった種々の組み合わせの可能性を示している[71]点は高く評価されるものの,しかし,そうした可能性を知った上で,やはり帰るところは[取得原価／名目資本維持]だろう。

さて,森田のいう名目資本維持をもって果たしうる「基本的なスチュワードシップ機能」とは何か。

いま一つは,stewardshipの履行機能と意思決定の支援機能は対置されるべきものなのか,という指摘であり,しかし,「意思決定支援」はこれがときに「情報提供」と別言されることに鑑みれば,stewardshipの履行におけるaccountabilityの履行と情報提供の峻別には拘泥,固執したい[72]。

69　同上,21～22頁。
70　田中茂次『現代会計の構造』1976年,192頁。
71　田中茂次『物価変動会計の基礎理論』1989年,27頁。
72　下記のものを参照。
　　友岡賛『株式会社とは何か』1998年,77～81頁。

会計学は取得原価主義会計論なのか

もう何度も論じてきた[73]が,一向に答えは出ないし,答えがあるかどうかも定かでない。ただし,筆者とすれば,取得原価主義の論拠を問うことは「会計と会計学のレーゾン・デートル」[74]を問うことに等しく,「われわれは,原価主義会計が貨幣価値の安定という誤れる仮定に基づく会計であるときめつけるのではなく,貨幣価値変動時にそれを会計計算に反映させない原価主義会計が何を計算し何を表示しているかを問題にしなければならない」[75]といった言説,あるいは「原価主義会計の貸借対照表は何を示し,どのような役割を果しているのかという問題……は,会計学がそれをめぐって発生し発展してきたとさえいえる会計学上の中心問題の一つである」[76]るとする言説にいま暫く拘りたいのである。

『取得原価主義会計論』という書が稀有であることの事訳は,会計学はすなわち取得原価主義会計論であり,したがって,許多ある『会計学』という書は並べて取得原価主義会計を説いている,

---

友岡『会計学の考え方』第7章。
73 友岡賛『会計学はこう考える』2009年,第4章第2節。
友岡『会計学原理』第4章。
友岡『会計と会計学のレーゾン・デートル』第3章および第4章。
74 同上。
友岡賛「会計と会計学のレーゾン・デートル」『企業会計』第71巻第1号,2019年。
75 森田「原価主義会計の問題点」森田(責任編集)『体系近代会計学[第8巻]』8頁。
76 同上,15頁。

ということか。

第5章

会計責任と監査

「会計責任」概念について考えるが、とりわけ受託責任と会計責任と監査の関係について思量する。

会計責任と監査　*103*
受託責任と会計責任と監査　*110*
会計責任と監査人の独立性　*118*

会計責任と監査

「企業会計構造と財務諸表監査とを一体のものとして観察し、両者の関係を分析する」[1] という或る論者は会計責任(アカウンタビリティ)と監査の関係について次のように述べている。

> 「他の主体に対しアカウンタビリティを負っている場合、その責任を会計報告によって果たすという……目的を達成しようとする場合、会計を実施する主体は、アカウンタビリティを負う相手に対して、必ず会計報告を行わなくてはならないが、その際、報告される内容が信頼できるものであるとの保証が必要であることは自明で……そうした保証機能を有するのが「監査」である。すなわち「監査」とは、アカウンタビリティを負う主体の会計報告を、第三者がチェックして、その内容の信頼性を保証する、ないし高めることをいう」[2]。

最初の3行はかなりのトートロジーのような気がするものの、それはさて措き、この論者によれば、監査は会計責任の履行を目的とする会計において「必要」が「自明」の行為、とされているが、ただし、「第一に、上場企業は一般投資家に対して企業情報を開示するというアカウンタビリティを負っている。……第二に、株式会社の経営者は、株主に対して報告義務を負っている」[3] と

---

1 佐々木隆志『監査・会計構造の研究——通時態の監査論』2002年、i頁。
2 同上、1頁。
3 同上、1~2頁。

され，監査はこの二つの場合に重要な役割を果たすとされ，ただし，この論者は特に「一般投資家[4]に対して企業情報を開示するという」責任を念頭に置く，という[5]。

一般の投資者[6]に対する会計責任と株主に対する会計責任，この両者をどのように捉え，位置付けるか。いや，そもそも一般の投資者に対する会計責任とは何か。

「会計責任」は，狭義には株主に対する責任，広義には（株主を含む）投資者に対する責任，さらに広義には（投資者を含む）種々のステークホルダーに対する責任，とも捉えられるかもしれないが，果たしてそうか。「会計責任」はこれが「受託責任」をもって前提とする限り，潜在株主たる投資者はいまだ委託をしてはおらず，したがって，いまだそこに受託責任はなく，会計責任もない，ということではないか。

なお，この論者は「責任」について「財務諸表の内容に責任を有するのは当該企業の経営者であって，監査人は自らの意見に責任をもつのみであるという……二重責任の原則を放擲ないし再構築する必要」[7][8]を指摘し，「公正な第三者としての監査人が，企

---

4 筆者は「一般投資家」という語はこれを用いない。「○○家」には，○○に通じた人，○○に優れた人，という意味があるからであって，例えば下記の論攷においては文脈によって「投資家」と「投資者」を書き分けているが，しかし，恐らく読者には分からないだろう。
　　友岡賛「会計と会計学のレーゾン・デートル」『企業会計』第71巻第1号，2019年。
5 佐々木『監査・会計構造の研究』1～2頁。
6 注記4をみよ。
7 佐々木『監査・会計構造の研究』284～285頁。

業経営者やその利害関係者（ここには一般大衆も含まれる）といった当事者から，いかに納得を得られる監査サービスを提供できるか，という形での責任論……いわば「納得の監査論」が必要とされている」[9]としているが，どうして「一般大衆も」「当事者」なのだろうか。また，「納得の監査論」という記述には「株主が納得しない，という社会的情況」[10]について述べる筆者の書が注に附されているが，引用の仕方は引用者の勝手（と筆者は考えている）とはいえ，この筆者の書は「責任」概念はこれを用いず，経営者に「受託責任」や「会計責任」があるとは考えず，会計も監査も経営者のためにこそある，という立場にある[11]。

　もっとも「経営者のため」とはいえ，経営者は経営者としての自身の地位を維持するために会計を行い，監査を受ける，ということであって，監査を受けず，会計を行わなければ，経営者としての地位を維持することはできない，という意味においては，会計も監査もmustであり，しなければならないこと，という意味においては「責任」概念を用いての行論もできようが，筆者はあえてこれを用いない行論を採っている。

　経営者としての地位を維持するために株主の納得を得る。委託・受託の関係，資本と経営の分離という状態について株主の納得を得る。会計を行い，監査を受けることによって株主の納得を得る。

8　二重責任の原則について下記のものを参照。
　　友岡賛『会計学原理』2012 年，188～192 頁。
9　佐々木『監査・会計構造の研究』288 頁（（　）書きは原文）。
10　友岡賛『近代会計制度の成立』1995 年，252 頁。
11　同上，プロローグ。

いずれにしても，筆者のいう，経営者が監査を受けることによって株主の納得を得る，ということと，この論者のいう，「監査人が……納得を得られる監査サービスを提供」する，ということは次元をもって異にしている。

納得を得る主体，納得させる主体は誰か。ここに主体とは行為者のことであって，会計を行うことによって株主の納得を得る主体，株主を納得させる主体は経営者だろうが，監査についてはどうか。この論者の「監査人が，企業経営者やその利害関係者といった当事者から，いかに納得を得られる監査サービスを提供できるか」という言い様からすれば，監査人が十全な「監査サービスを提供」することによって「当事者」を納得させる，ということになろうが，筆者の行論からすれば，経営者は監査を受けることによって株主の納得を得る，ということであって，納得を得る主体，納得させる主体は経営者ということになる。すなわち，筆者の行論からすれば，[監査を行う者 ≠ 監査によって株主の納得を得る者]となる一方，この論者の行論からすれば，[監査を行う者 ＝ 監査によって当事者の納得を得る者]となるが，この点と二重責任の原則の関係をどう捉えるか。

「監査人のとるべき責任は，財務諸表に対して表明した自己の意見に対してであって，財務諸表を作成する責任は，経営者が負うものである。これを二重責任の原則という」[12]。

むろん，この原則の主意は，「財務諸表を作成する責任」は監査人にはない，ということであって，監査（監査意見）について

---

[12] 河合秀敏『監査入門』1983年，25頁。

の責任は監査人にある,ということではないが,この論者のいう監査についての責任は監査を行う者の責任であるのに対し,先述のように,前出の書においては「責任」概念は用いない筆者ながら,筆者の行論における監査についての責任は監査を受ける責任であって,これは「被監査責任」と称されて後述されることになる。

　閑話休題。既述のように,監査は会計責任の履行を目的とする会計において必要,とするこの論者は特に,一般の投資者に対して情報を開示するという会計責任,を念頭に置いているが,しかしながら,一般の投資者に対する情報開示,という会計の目的ないし機能は一般には「意思決定支援機能」ないし「情報提供機能」などと称されている。敷衍するに,会計の目的ないし機能としては一般に会計責任履行,利害調整,意思決定支援ないし情報提供などが挙げられ,また,諸説をサーベイしてみると,**表1**に示されるように4通りの立場,すなわち,①会計責任履行を挙げる立場,②会計責任履行と意思決定支援ないし情報提供を挙げる立場,③利害調整と意思決定支援ないし情報提供を挙げる立場,④会計責任履行,利害調整,および意思決定支援ないし情報提供を挙げる立場が見受けられる[13]。

---

[13] こうした目的ないし機能と受託責任および会計責任の関係については下記のものをも参照。
　友岡賛『会計学の考え方』2018年,第7章。
　ただし,上記のものにおいては**表2**のように整理されており,これと本章における**表1**のような整理は行論を異にしている。　↗

表1　会計の目的・機能の捉え方

	立場①	立場②	立場③	立場④
会計責任履行	✓	✓		✓
利害調整			✓	✓
意思決定支援ないし情報提供		✓	✓	✓

　この論者が一般的な捉え方に倣っていないことをもって批判するつもりは毛頭ないが，一般の投資者に対する情報開示の履行をもって会計責任の履行と捉え，あるいは「一般大衆も」「当事者」とするこの論者は宛も会計主体論（会計上の企業観）について，企業は種々の利害関係者のもの，企業はみんなのもの，とする企業体説（enterprise theory）を採っているようでありながら，しかし，格別に企業の社会性の類いを重視する記述があるわけでもな

表2　会計の目的・機能の捉え方

	立場①	立場②	立場③	立場④
利害調整	✓	✓	✓	✓
意思決定支援	✓		✓	
情報提供		✓		✓
会計責任履行			✓	✓

　なお，表2のような整理における会計責任履行という目的・機能についてかつて「これは「会計には会計をする責任を果たすという役割がある」ということにほかならず，ナンセンスといわざるをえない」（友岡『会計学原理』50頁）とした筆者は，要するに，これがトートロジーであることを指摘していたが，本章はこれとは別の行論を用い，むしろ，このトートロジーに積極的な意義をもたせている。
　「会計といえるためには何がなければならないのか。それは会計責任でなければならない。会計が会計であって，それ以外のものではない何かを求めようとするならば，会計責任をおいては考えることはできない。……会計責任と何のかかわりあいもないのでは会計とはいえ ↗

い[14]。

　他方，会計監査の役割として，会計責任の解除の手段としての役割，および，情報の信頼性の確保手段としての役割，という二つを挙げ[15]，後者については「企業の利害関係者に対して信頼できる会計情報を伝達することを主目的とする会計監査……には，・・・・・・・・・・・・・・・・・・・・・・・・・
会計責任の解除という考え方が入りこむ理由はほとんどない。そこにあるものは，ただ財務諸表が企業の経営成績および財政状態を適正に表示しているかどうか，いいかえると，会計情報が企業の利害関係者にとって信頼できるものであるかどうか，という問題だけである」[16]とする向きがあり，ただし，この向きは「理由はほとんどない」ということの理由はまったく述べていないが，会計責任の解除の手段としての会計監査の役割について次のように述べている。

　　「監査の歴史的な立場からみると，監査の原点は，会計を委
　　　　　　　　　　　　　　　　　　　　　　　　　・・・・・
　　ねられた者が正しくその責任を遂行したものとして客観的に
　　・・・・

↘ ない」（伊崎義憲『会計学論考』1979 年，9〜10 頁）。
　　「会計の本質として会計責任は非常に重要であり，意思決定機能よりも会計責任機能の方が会計にとって不可欠の条件である。……意思決定の機能は他の手段によっても代替することができ……るが，会計責任の機能は他の情報システムによっては代替できない会計固有の機能なのである」（上野清貴「会計の本質としての会計責任論」『経理研究』第 60 号，2018 年，142 頁）。

14　会計主体論について下記のものを参照。
　　友岡『会計学原理』109〜117 頁。
15　三澤一『監査の新時代——統一理論を目指して』1985 年，12〜15 頁。
16　同上，14 頁。

認識されるためには,第三者たる監査人によってその会計の監査を受け,会計が正しく行なわれた旨の意見を述べてもらうことが必要である,という考え方にあったとみることができる」[17]。

すなわち,この向きによれば,財産管理の類いを委ねられ,受託責任を負う者が会計責任を負うのではなく,「会計を委ねられた者」が会計責任を負うとされ,また,資金運用の責任者は適当な者を会計担当者に任命し,この会計担当者の負う責任が会計責任とされており[18],「会計責任」概念の意味がわれわれのそれとは異なることを知る。

なおまた,意思決定支援機能ないし情報提供機能を担う会計については [財務諸表監査vs.情報監査] という関係にある「情報監査」という概念を用いる向きもある[19]。

受託責任と会計責任と監査　デビッド・フリント（David Flint）[20]は次のように述べている。

「監査は,個人と社会の至るところに存在するあらゆる規模とタイプの組織が負うアカウンタビリティを確保する (secure) 点で,また,受託責任 (stewardship) に関する情報やその他

17　同上,12頁。
18　同上,13頁。
19　同上,80～83頁。
　　古賀智敏『情報監査論』1990年,6～14頁。
20　友岡賛『会計と会計学のレーゾン・デートル』2018年,257頁。

の財務に関する情報の信憑性と信頼性を立証する意味で，社会的統制機構の一部なのである」[21]。

「監査は二当事者間，または，ある当事者と他の多数の当事者との間にアカウンタビリティの義務（duty）が存在する場合に必要となる。そして，監査はアカウンタビリティを確保する（ensure）手段である」[22]。

「金銭やその他の資源の保管（custody），農業・不動産経営・貿易・製造・サービスの提供やその他の活動における管理（management），および指定された目的に向けたそれらの運用（application），こういったことに関わる受託責任とアカウンタビリティこそ，その責めを負う者による履行（discharge）が監査の対象となってきた義務であった」[23]。

監査は会計責任を確保する行為であって，保管，管理，ないし運用にかかわる受託責任と会計責任の履行が監査の対象である，ということらしい。

他方また，トム・リー（Tom Lee）による監査史のサーベイによれば，会計責任を伴う経済活動が行われている場合には古くか

---

[21] デヴィッド・フリント／井上善弘（訳）『監査の原理と原則』2018年，3頁。
David Flint, *Philosophy and Principles of Auditing : An Introduction*, 1988, p.3.

[22] フリント／井上（訳）『監査の原理と原則』13頁。
Flint, *Philosophy and Principles of Auditing*, p.12.

[23] フリント／井上（訳）『監査の原理と原則』21頁。
Flint, *Philosophy and Principles of Auditing*, p.19.

ら常に監査という行為が随伴し，監査は，現在に至るその長い歴史の大半において，経済資源の所有者をその資源の受託責任にかかわる不正・誤謬から守る，ということを目的としてきており，そうした監査は受託責任履行機能を果たし，すなわち受託者は，委託者に対して，監査をもって履行する会計責任を負っていた，とされる[24]。

会計責任は監査をもって履行され，受託責任は監査をもって履行される，ということか。「監査は，委託・受託関係から生ずるものである」[25]とされ，「監査は……スチュワードシップの関係の存在するところには必ず必要となるものである」[26]とされ，「経営者の受託責任を定期的に解除するための社会的制度として監査を位置づける」[27]とされ，あるいは「アカウンタビリティを負っている人がその責任を解除するために監査を受ける云々」[28]ともいわれるが，ただし，むろん，ここにおいて監査は，飽くまでも，「いわばフィニッシング・タッチ」[29]であって，会計責任は会計と，それに監査をもって果たされ，受託責任は財産の保管，管理，ないし運用と会計と，それに監査をもって果たされる。

なお，監査をもって「フィニッシング・タッチ」と捉える場合にも，二通りの捉え方が存するとされる。すなわち，「監査を会計のフィニッシング・タッチと考え……会計のプロセスを認識・

---

[24] Tom Lee, *Corporate Audit Theory*, 1993, pp. 59-60.
[25] 河合秀敏『現代監査の論理』1979年，2頁。
[26] 河合『監査入門』2頁。
[27] 河合『現代監査の論理』2頁。
[28] 百合野正博『会計監査本質論』2016年，305頁。
[29] 山桝忠恕『近代監査論』1971年，46頁。

測定・記録・表示・監査という一連の手続きであると理解する」[30]行き方がある一方,「会計システムおよび監査システムの両方を包摂した企業内容開示制度の中で, 監査がフィニッシング・タッチの役割を果たす」[31]とする捉え方があるが,「近代会計制度は……会計プロフェッションによる監査, という制度の成立をもって完́成́する」[32]とする筆者は後者の捉え方に与しながらも, ただし,「企業内容開示制度の中でのフィニッシング・タッチと位置づけられる監査では, 監査人の意見表明は……投資家等の各種利害関係者に対して有用な情報を提供するという社会的な役割を担うと考えることに」[33]は与しない。

ところで,「監査は, 発生史的には, 第三者による当事者の会計責任を解除する手段として誕生したものである」[34]として, そうした監査において「監査人が会計帳簿を調査して, その正確性を裏づけた場合には,「会計帳簿が正しく作成されていた」という意味で,「当事者の会計責任は誠実に履行されたこと」を監査人が認め保証することとなるが, 同時に,「関連財産が適切に保全されていること」も一部, そして明示的にではないが保証する

---

[30] 瀧田輝己『体系監査論』2014 年, 70 頁。
[31] 同上, 71 頁。
[32] 友岡賛『会計の時代だ――会計と会計士との歴史』2006 年, 29 頁(圏点は原文)。
[33] 瀧田『体系監査論』72 頁。
[34] 鳥羽至英, 秋月信二『監査の理論的考え方――新しい学問「監査学」を志向して』2001 年, 10 頁。

ことになる」[35]とする向きがあり,この向きはこの二つの保証にかかわる監査を「「会計帳簿の監査」と「財産管理の監査」[36]と捉えているが,他方,財務諸表監査の捉え方において[情報監査vs.実態監査]という関係を示す向きがあり[37],この向きによれば,情報監査にあって「監査人は……取引行為自体の当否等については……会計との規準合致性を専ら判定するなかでしか関心を持たない」[38]が,「実態監査としての会計監査は,会計記録や報告を通して,取引実態や行為の妥当性,効率性,合目的性,規範準拠性等を検証しようとするものであ」[39]り,畢竟,「情報監査といえども,実態監査に対する期待が込められている。なぜなら,会計監査の歴史的原点は,資本の委託・受託関係や貸借関係に伴う会計責任ないし説明責任の履行状況の解明にあるからであ」[40]る,とされる。

　筆者とすれば,適切な会計（会計責任の履行）と適切な財産管理（受託責任の履行）は截然と区別されるべきと考え,すなわち,適切な受託責任の履行がなくとも適切な会計責任の履行はあると考えるが,ここに示された「関連財産が適切に保全されていること」にかかわる監査,あるいは「取引実態や行為の妥当性……等を検証しようとする」監査は,すなわち,会計監査の対象が,会計責任に限定されることなく,受託責任にも及ぶことをもって意

35　同上,10頁。
36　同上,11頁。
37　山浦久司『会計監査論（第5版）』2008年,19～20頁。
38　同上,19頁。
39　同上,20頁。
40　同上,20頁。

味している。この関係はこれをどのように捉えるべきか。

　例えば「被監査責任」, すなわち「監査を受ける責任」という概念をもって用いるならば, 例えば [被監査責任 ⊂ 会計責任 ⊂ 受託責任] といった関係にあるとして捉えられるのだろうか。あるいはまた, [被監査責任 ⊂ 会計責任] だろうとなかろうと, [会計責任 ⊂ 受託責任] だろうとなかろうと, 被監査責任と会計責任の関係と会計責任と受託責任の関係は同様のものとして捉えられるのだろうか。被監査責任を果たさないと会計責任を果たしたことにならず, 会計責任を果たさないと受託責任を果たしたことにならないのだろうか。

　「ひとはつねに利己する。そして会計は自己の行為を説明する行為である。そういった意味において, 会計というものは, 本来的に, 監査がなければなりたたないはずである」[41]。「会計あるところには必ず監査あり」[42] とされ,「監査なくして真の会計はありえない」[43] とされ,「会計は監査の支えをえてはじめて会計たりうる」[44] とされる。とすれば, 被監査責任を果たさないと会計責任を果たしたことにならないのだろうが, 他方, 会計責任と受託責任の関係はどうか。

　前出のフリントは保管, 管理, ないし運用にかかわる受託責任について述べていたが, けだし, 「管理」は「保管（保存）」と

41　友岡『近代会計制度の成立』10頁。
42　河合『現代監査の論理』1頁。
43　同上, 1頁。
44　同上, 1頁。

「運用」を包摂する概念である。「財産の「管理」とはなにかといえば，それは，財産を維持して，その利用をはかる行為である。……管理は保存と運用とからなっている。「保存」とは，もののもとの状態を保って失わないこと，そして「運用」とは，ものの機能をうまく働かせてもちいることである」[45]。とすれば，ここにおいては，財産「のもとの状態を保って失わないこと」にかかわる受託責任，というものと，財産「の機能をうまく働かせてもちいること」にかかわる受託責任，というものが俎上に載ることになろうが，後者，すなわち財産の運用（ないし運用を含む管理）の責任はこれを履行するためには会計責任の履行が必要かもしれない。財産の運用は，これを別言すれば，財産の増殖であって，ただし，例えば，株式会社において財産（資本）の増殖額（利益額）を現金配当という行為をもって示す，ということもできようが，しかし，いかに多額の現金配当を受けようとも，それが財産の増殖額に鑑みて妥当なものであるかどうか，ということは，会計という説明行為がなければ，株主には分からない。あるいはまた，いかに多額の現金配当を受けようとも，その配当の源たる財産の増殖が妥当なものだったかどうか，財産の運用が妥当になされたかどうか，ということは，会計という説明行為がなければ，株主には分からない。むろん，たとえ株主が分からなくとも，妥当な運用さえ行われていれば受託責任は履行された，ともいえようが，しかし，それが委託者たる株主によって認められなければ，受託責任を果たしたことにならない，といえようか。

---

[45] 友岡賛『株式会社とは何か』1998年，51頁。

では,前者,すなわち財産の保管ないし保存の責任についてはどうか。これは,もしかしたら,会計という説明行為がなくとも,当該財産の現物をみせることによって「もとの状態を保って失わないこと」にかかわる受託責任の履行が委託者に認められるかもしれない。しかしながら,例えば多量である等の事訳をもって,みただけでは,もとの状態が保たれているかどうか,ということが分からない場合,財産に関する記録（簿記）が必要になり[46],会計という説明行為が必要になる,といえようか[47]。

　如上の行論においては,会計責任を果たさないと受託責任を果たしたことにならず,被監査責任を果たさないと会計責任を果たしたことにならず,したがって,被監査責任を果たさないと受託責任を果たしたことにならない,ということになろう。

　（ただしまた,先述のように,適切な受託責任の履行がなくとも適切な会計責任の履行はあり,適切な受託責任の履行がなくとも適切な被監査責任の履行はあり,適切な会計責任の履行がなくとも適切な被監査責任の履行はある。）

---

[46] 財産に関する記録（簿記）は目視をもって確認しえない財産について必要になる。このことについて下記のものを参照。
　　友岡『会計学原理』233〜235 頁。
　　友岡『会計と会計学のレーゾン・デートル』35〜38 頁。
[47] 本章には言及されない［受託責任 = 財産管理責任 + 会計責任］といった捉え方等について下記のものを参照。
　　友岡『会計学原理』52〜54 頁。
　　友岡賛『会計学の基本問題』2016 年,37〜39 頁。
　　友岡『会計学の考え方』201〜203 頁。

会計責任と監査人の独立性

ところで、本章の冒頭に取り上げられた論者は「二重責任の原則を放擲ないし再構築する必要」を指摘し、「公正な第三者としての監査人が、企業経営者やその利害関係者（ここには一般大衆も含まれる）といった当事者から、いかに納得を得られる監査サービスを提供できるか、という形での責任論……いわば「納得の監査論」が必要とされている」としていたが、監査人の公正性・第三者性と会計責任の関係はどのように捉えられるべきか。あるいはまた、監査人の要件としてまずもって挙げられるものは独立性だろうが、「独立性」と「公正性」・「第三者性」は同義の概念か。

いずれにしても、如上の問いは会計主体論において整理されようが、そもそも会計主体とは何か。これについては「アカウンタビリティを負う主体（会計責任主体）を「会計主体」と規定したい」[48]とする向きもあるが、けだし、これは謬見であって、ここにおける主体は行為者ではなく、会計主体は会計の行為者ではない。「主体理論において会計主体というとき、会計担当者または会計責任者を意味するものでないことは、資本主理論が、資本主を会計主体とする主張であることからも容易に推察しうるところである。……主体理論において会計主体とは、会計行為の主体という意味ではなくて、会計行為の対象または客体という意味をもつものと認められ……従って、主体理論は……会計するものは誰であるかに関する理論ではなくて、企業実体に属する資本およびその運用にもとづく剰余を、どのような見地に立って判断するか、

---

[48] 小宮靖夫「会計における基本的前提としての会計主体」『立教経済学研究』第46巻第2号、1992年、81〜82頁（（　）書きは原文）。

また会計処理を行なうかの理論であるということができよう」[49]とされる。

　敷衍するに，企業は資本主（だけ）のもの，とする資本主説（proprietorship theory）ないし代理人説（agency theory）においては会計上の判断のよりどころが株主の観点に求められ，企業は誰のものでもない，あるいは（あえていえば），企業は企業それ自体のもの，とする企業主体説（entity theory）においては会計上の判断のよりどころが企業それ自体の観点に求められ，企業は種々の利害関係者のもの，企業はみんなのもの，とする前出の企業体説においては会計上の判断のよりどころが企業の種々の利害関係者の観点に求められる，として捉えられようが，けだし，「会計責任」概念が用いられるのは代理人説と企業体説においてだろう。

　「会計責任」はこれが「受託責任」をもって前提とする限り，委託・受託の関係をもって前提とするが，資本主説と同様，企業は資本主のもの，とする代理人説はその上，今日において最も一般的な企業形態であって，また，近代的な企業形態として捉えることのできる株式会社というものの特徴に意を払い，株式会社という近代的な企業形態，その近代性の根幹に着目する。ここにいう株式会社の近代性の根幹とは資本と経営の分離のことであって，これは委託・受託の関係と換言され，すなわち，代理人説は「会計責任」概念の前提をもって有するといえよう。

　また，企業主体説と企業体説の異同に言及すれば，企業それ自体の独自性を強調する企業主体説はこれが（資本主をも含む）諸々

---

[49] 久松治夫「会計主体論における資本概念の性格」『駒大経営研究』第 11 巻第 2・3 号，1980 年，302〜303 頁。

の利害関係者を企業の外側に位置付けているのに対し，企業体説は（資本主だけではない）種々の利害関係者を企業の内側に位置付けている，ということができようが，株式会社は近代的な受託・受託の関係として捉えられ[50]，したがって，委託・受託の関係はこれが株式会社を構成する，ということができ，「構成する」ものは，「外側」ではなく，「内側」に存し，そうした捉え方は企業体説においてみられる。

　かくして「会計責任」概念は代理人説と企業体説において用いられるが，代理人説において監査人に求められる独立性は，飽くまでも，経営者からの独立性であって，公正性・第三者性ではなく，ときに監査人は株主の代理人とも位置付けられ[51]，その場合，株主からの独立性はこれが求められないことは言を俟たず，また，監査人が株主の代理人として位置付けられる場合，経営者を株主の代理人とする代理人説においては，一方の代理人（株主）が行った会計をもう一方の代理人（監査人）が検める，という捉え方がなされ，いずれにしても，会計責任は株主をその相手とする。他方，企業体説において会計責任は種々の利害関係者をその相手とし，ここにあって監査人に求められる独立性は，会計責任の種々の相手に鑑み，公正性・第三者性，みんなからの独立性，として捉えられよう。

　「独立性は監査の存在理由を裏付けるものであるともいわ

50　友岡『株式会社とは何か』51〜52 頁。
51　友岡賛『歴史にふれる会計学』1996 年，217〜218 頁。

れ」[52]，あるいは「そもそも監査の存在理由は（その対象たる）会計というものが，自分のやったことを自分で説明する行為，であるところにこそある。……こうしたコンテクストにおいては，（会計をチェックするという）監査という行為それ自体よりもむしろ，会計の行為主体の利益とは無関係なだれかが何かをする，ということにこそ，まずもっての意味がある」[53]ともされ，「独立性は……監査にとって不可欠の要件をなす」[54]が，ただしまた，「監査が独立性を欠けば，それはもはや監査ではない」[55]ということと「独立性」概念の意味内容は別問題であり，ここにいう「独立性」の意味は独立性の相手の問題であり，この問題は会計責任の相手の問題にほかならない。

52　河合『現代監査の論理』23頁。
53　友岡『会計学原理』222頁（（　）書きおよび圏点は原文）。
54　河合『現代監査の論理』23頁。
55　友岡『会計学原理』222頁。

第6章

意思決定有用性アプローチの功罪

　意思決定有用性アプローチの意義について会計理論，とりわけ概念フレームワークをもって含む規範的会計理論の意義に鑑みて思量する。

劃期，革命，あるいは地殻変動　*125*
慣行遵守から意思決定有用性へ　*126*
意思決定有用性アプローチと実証研究　*132*
会計理論における［信頼性 → 目的適合性］　*136*
理論の意義　*138*

劃期,革命,あるいは地殻変動

ときに「意思決定有用性アプローチの登場以前云々」[1]といった言い様がなされ,したがって,このアプローチの登場は,或る意味において,会計において時代を劃するものだった,ともいえようが,意思決定有用性アプローチの登場による劃期はこれにどのような意味があったのか。

この劃期はまた「革命」[2]として捉えられ,例えばウィリアム H. ビーバー(William H. Beaver)は「"情報"アプローチへの移行」[3]として捉えたこれを「財務報告革命」[4]と称した[5]が,この革命はこれにどのような意味があったのか。

もっとも,劃期にしても革命にしても,本当にそれが劃期ないし革命だったのかどうかは,けだし,後世の歴史をもって判断されるものだろうが,「1960年代半ばに始まった」[6]これを1981年[7]に「財務報告革命」と称したビーバーはおよそ20年後[8]においてもこの「財務諸表観の変化のことを依然として会計革命と呼ぶ

---

1 Ian Dennis, *The Nature of Accounting Regulation*, 2014, p. 27.

2 W. H. ビーバー/伊藤邦雄(訳)『財務報告革命』1986年,3頁。

3 同上,7頁。

4 同上,4頁。

5 Joni J. Young, 'Making Up Users,' *Accounting, Organizations and Society*, Vol. 31, No. 6, 2006, p. 580.

6 ウィリアム H. ビーバー/伊藤邦雄(訳)『財務報告革命(第3版)』2010年,vii頁。

7 William H. Beaver, *Financial Reporting : An Accounting Revolution*, 1981.

8 William H. Beaver, *Financial Reporting : An Accounting Revolution*, 3rd ed., 1998.

ことにした」[9]としているし,また,如上のことをもって「地殻変動」と称する向きは「1960年代後半から70年代にかけて,アメ̇リ̇カ̇の̇会̇計̇観̇に後に「地殻変動」と判明することになる変化が起こった」[10]としている。

**慣行遵守から
意思決定有用性へ**

例えばジョニ J. ヤング (Joni J. Young) は,意思決定有用性アプローチの意義を念頭に置きつつ,20世紀前半以降の会計観の動向を次のようにサーベイしている[11]。

　意思決定有用性アプローチが一般化をみたのはさほどに古いことではなく,また,爾後にあっても会計情報の利用者(財務諸表の読者)の闡明はこれが等閑にされていたことが留意される。

　1920年代ないし1960年代辺りの文献における記述にも財務諸表の読者への言及はみられるものの,読者が会計処理方法の良否の判定に関係付けられることはなく,すなわち,読者の情報ニーズに鑑みて該処理方法の良否を判定する,すなわち,情報利用者にとっての有用性に鑑みて良否を判定する,といった関係はなく,方法の良否は会計実践 (what accountants do) に照らして判定され,すなわち,保守主義,継続性の原則,歴史的原価主義,費用収益対応の原則などをもって構成される慣行(コンベンション)に照らして判定されてい

9　ビーバー／伊藤(訳)『財務報告革命(第3版)』vii頁。
10　伊藤邦雄「実証的会計研究の進化」伊藤邦雄,桜井久勝(責任編集)『体系現代会計学［第3巻］ 会計情報の有用性』2013年,3頁。
11　Young, 'Making Up Users,' pp. 579-597.

た。そのかみにあって会計の定義は，何のために，ないし，誰に対して，といった会計の目的を視点[12]とするものではなく，行われている会計の実践を視点とする定義だった。しかしながら，1950年代の末頃以降に現れたのは会計情報の画一性，財務諸表の比較可能性を重視し，したがって，会計処理方法の多様性の低下を求める立場だった。この求めに応えるということは，会計基準における会計処理方法の選択肢を減ずる，ということを意味し，そのためには会計基準の設定プロセスにおいて種々の処理方法の良否の判定を行い，取捨選択を行う必要があったが，その過程においてやがて会計基準の設定プロセスに会計情報の利用者が関係付けられるに至る。

1966年に公表をみたアメリカ会計学会（American Accounting Association）（AAA）の『基礎的会計理論に関するステートメント』（*A Statement of basic Accounting Theory*）（*ASOBAT*）はこれに強制力はおよそなく，即座に会計基準の改変をもたらすものではなかったが，ただし，現行の会計実践を批判，評価し，種々の処理方法の良否を判定するためのフレームワークの開発に繋がるものだった。

意思決定に有用な情報の提供をもって会計の基本目的とした*ASOBAT*は情報利用者のニーズを重視する概念フレームワーク的な文書の嚆矢であって，爾後の動向は［費用収益対応の原則や特定の利益測定理論に鑑みての会計処理方法の良否の判定 → 情

---

[12] ときに「視点」は「観点」と同義に用いられるが，「観点」が事物を観察する際の立場を意味する一方，「視点」は事物を観察する際の着眼点（目の着けどころ）を意味する。

報利用者の意思決定に鑑みての会計処理方法の良否の判定]という移行だったが，しかしながら，会計基準の設定において念頭に置かれるべき情報利用者についてはその闡明が等閑にされ，すなわち，情報の利用方法から意思決定に至る過程はブラック・ボックスだった。もっとも ASOBAT はそうした状況について警鐘を鳴らし，情報利用者の研究の重要性を指摘していたが，しかし，この手の研究には多大な時間を要し，他方，画一性の確立は急務だった。

会計情報には種々の利用者が存し，彼らの情報ニーズは同様とは限らず，むしろ，ときに相反，対立することがあり，そうした実情は会計基準設定の妨げとなるものだったが，しかし，ASOBAT らは，そうした相反，対立の調整はこれを試みることなく，むしろ，相反には目を瞑り，種々の利用者のニーズの相似点にばかり目を向けようとしていた。すなわち，ASOBAT は「さまざまな利用者の利用目的に適合する報告を作成するにあたって，会計情報のあらゆる異なった利用者の要求を詳細に知ることは必要ではない。ある種類の情報は多くの意思決定のために適合しているからである」[13] と述べ，また，1978 年に公表された財務会計基準審議会（Financial Accounting Standards Board）（FASB）の財務会計の諸概念に関するステートメント（Statement of Financial Accounting Concepts）は「投資者および債権者のニーズを満足させるために提供される情報は，基本的に，投資者および債権者と同様に営利企業の財務的側面に関心をもつその他の情

---

13 アメリカ会計学会／飯野利夫（訳）『基礎的会計理論』1969 年, 29 頁。

報利用者集団の構成員にとっても一般に有用であると思われる」[14]としており,こうした立場,すなわち,会計情報の提供において種々の利用者の存在を重視することの重要性を指摘する一方,彼らのニーズの異同を知ることはこれを重視しない立場から設定される会計基準は,したがって,相似性に着目して捉えられた投資者および債権者に鑑みた会計情報の提供を求めることとなったが,そこには「利用者は,しばしばどのような会計情報が自分たちにとってもっとも有用であるかを決める資格をもちあわせてはいないか,さもなければ,すくなくとも,自分たちの必要性を明確に表現することができないことがある」[15]といった利用者蔑視の観点もみることができた。

　如上のヤングの所説をもって参照の上,会計基準の設定における理論および概念フレームワークの役割を考察するイアン・デニス(Ian Dennis)によれば,概念フレームワークを用いての基準の設定は該基準が原則主義の基準であることを意味し,また,概念フレームワークの重要な役割は基準設定者の意思決定に合理性を与えることにある一方,基準設定者は,概念フレームワークに依拠してではなく,政治的な配慮にもとづいて設定を行っている,との批判の声も聞かれるが,ときに概念フレームワークは政治的な圧力に抗する際のよりどころとして機能する,とされる[16]。

---

14 財務会計基準審議会/平松一夫,広瀬義州(訳)『FASB財務会計の諸概念(増補版)』2002年,24頁。
15 アメリカ会計学会/飯野(訳)『基礎的会計理論』4頁。
16 Dennis, *The Nature of Accounting Regulation*, pp. 25-26.

さて，既述のように，ヤングによれば，意思決定有用性アプローチの登場以前にあって会計処理方法の良否は実践，慣行に照らして判定されており，デニスによれば，そうした良否の判定のメルクマールとなるものは並べて「理論」と称され，したがってまた，概念フレームワークの類いも理論として捉えられることになろう[17]が，しかし，慣行というメルクマールを用いることは理論というものの二つの目的・機能の混同に繋がる。すなわち，理論の目的・機能の一つは対象を描写，説明することにあり，いま一つの目的・機能は対象を正当化することにあるが，慣行をメルクマールとして，すなわち理論として用いることは対象の正当化に繋がるものではない。先述のように，保守主義，継続性の原則，歴史的原価主義，費用収益対応の原則などをもって構成される慣行はその構成要素間に矛盾，相反をみることができ，したがって，理論的整合性を欠く理論にほかならず，したがって，良否判定のメルクマールとして十全な機能はこれを期待することができず，このことがやがて意思決定有用性がメルクマールに採用されることになる理由の一つとも考えられる。他方，いずれにしても，理論（概念フレームワークを含む）をもって会計基準の設定に用いる[18]に際しては二通りの行き方がある。一つは，理論を

---

17 概念フレームワークは理論か，ということについて下記のものを参照。
藤井秀樹「概念フレームワークの理論的性質と役割——アメリカ会計理論発達史にみる規範理論の展開」『産業經理』第76巻第3号，2016年。

18 「規範理論の今日的到達点として位置づけられる概念フレームワークは……科学的会計理論がなしえなかった制度設計への貢献という社会的な役割を……担いうる会計理論として存在してきた」（同上，11〜12頁）。

もって一般的なルールとして用い，これより個別的なルールを導出する，という行き方であって，一般的なルールに鑑みて適切な会計処理方法が選択される，というこれは「適切性 (appropriateness) の論理」と称され，いま一つは，ルールを設けること（処理方法を選択すること）の目的が理論をもって規定され，すなわち，結果としてもたらされる会計情報に何を期待するか，ということに鑑みて選択が行われる，という行き方であって，これは「結果 (consequences) の論理」と称され，いずれにおいても，もたらされる基準は原則主義の基準として捉えられる [19]。

しかしながら，理論（概念フレームワークを含む）をもって設定される会計基準は果たして，デニスが説くように，原則主義の基準として捉えられるのか。もっとも「原則主義による会計基準の開発においては，原則の設定や会計的判断の拠り所となる，理論的な整合性を持ち，包括的で体系的な概念フレームワークが必要となる」[20] とされているが，けだし，原則主義の基準には概念フレームワーク的な理論が必要，ということは，しかし，そうした理論をもって設けられる基準は原則主義の基準，ということを当然に意味するものではない。叙上のように，理論はこれが一般的なルールとして用いられ，一般的なルールは，別言すれば，原則であり，したがって，原則にもとづいて基準が設けられる，ということかもしれないが，しかしながら，原則にもとづいて基準が設けられる，ということは該基準が原則主義の基準であることを

---

19 Dennis, *The Nature of Accounting Regulation*, pp. 27-30, 55-56.
20 中山重穂『財務報告に関する概念フレームワークの設定財務情報の質的特性を中心として』2013年，12頁。

意味しない。基準の設定はこれが原則にもとづいて行われるか,あるいはピースミール・アプローチをもって行われるか,ということと該基準はこれが原則主義の基準か,あるいは規則主義の基準か,ということは次元を異にし,原則にもとづいて規則主義の基準を設ける,という行き方もありえよう。

表1　会計基準の設定アプローチ [21]

ピースミール・アプローチ	概念フレームワークをもつことなく,その時々の必要に応じて個別の会計基準を設定する。
理論的アプローチ	概念フレームワークをもち,それにもとづいて首尾一貫性のある個別の会計基準を設定する。

意思決定有用性アプローチと実証研究

会計研究のスタイルの移行は,大雑把には［規範的アプローチ → 経験的アプローチ］として捉えられ,また,いま少し細かくは［演繹的規範論 → 帰納的規範論 → 実証研究］として捉えられ,いずれにしても,「→ 経験的アプローチ」ないし「→ 実証研究」はこれを意思決定有用性アプローチがもたらしたとされ [22],他方,会計基準の設定方法には［帰納的設定 → 規範的設定］という移行をみることができるとされる [23]。

敷衍するに,演繹的規範論は例えば会計主体論における特定の説（主体観）からの演繹をもってする論であって,すなわち,こ

21　岩崎勇『IFRSの概念フレームワーク』2019年,3頁。
22　伊藤「実証的会計研究の進化」1～4頁。
23　桜井久勝「資本市場研究の課題と展望」伊藤邦雄,桜井久勝（責任編集）『体系現代会計学［第3巻］　会計情報の有用性』2013年,38頁。

の会計主体観にあってこの取引にはこの処理方法が用いられるべき,といった行論であり,これに続く帰納的規範論は1940年に刊行されたウィリアム A. ペートン(William A. Paton)と A. C. リトルトン(A. C. Littleton)の『会社会計基準序説』(*An Introduction to Corporate Accounting Standards*)が普及の切っ掛けになったともされ,この行論は実践を前提とし,これより帰納的になされ,ただし,論理的一貫性を求めてなされたが,やがて地殻変動が起こる。この地殻変動をもたらした*ASOBAT*における会計観は,要するに,意思決定有用性アプローチであって,この会計観は情報の有用性を客観的に測定する必要をもたらし,「→ 経験的アプローチ」ないし「→ 実証研究」がもたらされるに至った[24]。

また,「従来の規範的会計論では,発生主義に基づく代替的な財務報告システムの優劣を判断する際の基準として「経済的利益」概念が主張されてきた。しかし発生主義に基づく会計的利益の「望ましさ」を経済的利益との近似度で測るべきだとする伝統的理論は完全・完備市場のもとでは明確な意義をもつが,現実の不完全あるいは不完備市場のもとではその明確性を失ってしまうという主張」[25]によって規範論は批判され,これは「真実性アプローチから有用性アプローチへ」[26]として捉えられる。すなわち,割引現在価値にもとづく経済的利益はこれが真実の利益として捉えられることが少なくなく,完全・完備市場にあっては市場価格にもとづいて経済的利益を算定することができるために経済的利

---

24 伊藤「実証的会計研究の進化」2〜4頁。
25 同上,5頁。
26 桜井久勝『会計利益情報の有用性』1991年,36頁。

益に加えて会計的利益の存する必要はなく,しかし,現実の不完全・不完備においては経済的利益を算定することができないために会計的利益の存在意義が認められようが,しかしながら,会計的利益による利害調整には限界があり、したがって,会計的利益には情報提供機能が期待され,会計的利益には意思決定における有用性こそが求められることになる,とされる[27]。しかしながら,利害調整機能と情報提供機能をもって会計の主たる機能とし,しかし,会計的利益の利害調整機能には限界があるため,いま一つの機能が期待される,とするのは果たして論理的な行論といえようか。なにゆえに「したがって」[28]なのか。

他方,会計研究の主流が帰納的規範論だった頃の会計基準の設定は「企業会計の実務の中に慣習として発達したもののなかから,一般に公正妥当と認められたところを要約したもの」[29]として帰納的に行われていたが,1980年前後以降,概念フレームワークが公表をみ,会計基準の設定はこのフレームワークから演繹的になされることとなり,また,概念フレームワークはそのいずれもが意思決定支援のための情報提供をもって会計の目的とし,したがって,会計情報に意思決定有用性を求めたため,この有用性の測定を目的として実証研究が広く行われるに至った[30]。

ただし,「計算対象の論理に無縁な意思決定有用性学説」[31]を

---

27 同上,21〜41頁。
28 同上,41頁。
29 大蔵省企業会計審議会「企業会計原則の設定について」1949年。
30 桜井「資本市場研究の課題と展望」37〜39頁。
31 笠井昭次「評価規約における収益費用観・資産負債観の意義——意 ↗

批判する向きによれば,「もっぱら投資家の意思決定が関心事である意思決定有用性に依拠した理論体系においては，実証研究などにより，投機目的有価証券の時価評価が投資家により望まれている，といういわば結論が既に得られている。したがって……投機目的有価証券が時価評価され…ることになりさえすれば，いわば一件落着ということになろう」[32]とされ,「それを越えた計算対象の分析には，そもそも関心がないし，また仮に関心があったとしても，分析できる手段を持ち合わせていないので，不可能なのである」[33]とされ,「これが，今日の意思決定有用性に依拠する会計学の最大の問題点であろう」[34]とされ,「これでは，会計理論は，確実な知見を社会に提供する，という役割を遂行することなどおよそ不可能であり，会計理論のレーゾン・デートルを問われても，仕方ないであろう」[35]とされる。

他方,「財務情報が有用であるためには，情報に目的適合性があり，かつ信頼性があるものでなければならない」[36]といった捉え方における目的適合性と信頼性のトレード-オフの関係を否定するこの向きは，目的適合性と信頼性の適切な割合の探求，とい

 思決定有用性学説（1）」『三田商学研究』第61巻第5号，2018年，53頁。
[32] 笠井昭次「評価規約における収益費用観・資産負債観の意義――意思決定有用性学説（2）」『三田商学研究』第61巻第6号，2019年，46頁。
[33] 同上，46頁。
[34] 同上，46頁。
[35] 同上，46頁。
[36] 財務会計基準審議会／平松，広瀬（訳）『FASB財務会計の諸概念（増補版）』83頁。

うことが会計理論の使命ということになってしまいかねないことに得心がゆかない[37]。

「確実な知見を社会に提供する，という……会計理論のレーゾン・デートル」は何か，「会計理論の使命」は何か。

**会計理論における
［信頼性 → 目的適合性］**

例えば「情報には，ほとんど誤謬や偏向が存在していないこと，また表現しようとするものを忠実に表現していることを保証する情報の特性」[38]とされる信頼性と「情報利用者に過去，現在および将来の事象もしくは成果の予測または事前の期待値の確認もしくは訂正を行わせることによって情報利用者の意思決定に影響を及ぼす情報の能力」[39]とされる目的適合性については歴史的に［信頼性 → 目的適合性］という移行を看取する向きがあり，会計理論は［プロダクト型市場経済 → ファイナンス型市場経済 → ナレッジ型市場経済］という市場経済の変化に応じて［プロダクト型会計理論 → ファイナンス型会計理論 → ナレッジ型会計理論］と移行してきている，とするこの向きは会計理論の変貌プロセスを**表2**のようにまとめ，また，これを会計の認識対象の拡大と捉えている[40]。

---

37 笠井「評価規約における収益費用観・資産負債観の意義──意思決定有用性学説（2）」34～46頁。
38 財務会計基準審議会／平松，広瀬（訳）『FASB財務会計の諸概念（増補版）』60頁。
39 同上，60頁。
40 河﨑照行「本書の問題意識と研究課題」（編著）『会計制度のパラダイムシフト──経済社会の変化が与える影響』2019年，2～3頁。

表2 会計理論の変貌プロセス

	プロダクト型 会計理論 →	ファイナンス型 会計理論 →	ナレッジ型 会計理論
主な財貨	有形財	金融財	無形財
認識のパースペクティブ	実現	実現可能性 情報有用性	情報有用性
認識の規準	信頼性	目的適合性	目的適合性
評価の基礎	原価	売却時価	割引現在価値

　敷衍するに，この向きによれば，プロダクト型市場経済における会計理論は原価・実現アプローチを基軸とし，安定的にして流動性が低い市場を想定しているために収益は実現をもって認識し，また，資産は有形財を主たる認識対象とし，資産評価の確実性，すなわち測定の信頼性を重視する，とされ，ファイナンス型市場経済における会計理論は時価・実現可能性アプローチを基軸とし，変動的にして流動性が高い市場を想定しているために収益は実現ではなくして実現可能性をもって認識し，また，資産は金融財を主たる認識対象とし，投資意思決定支援，すなわち情報提供機能を重視し，測定の目的適合性を重視する，とされ，ナレッジ型市場経済における会計理論は無形財がもたらす超過収益力の評価を課題とし，ファイナンス型市場経済における会計理論と同様，投資意思決定支援，すなわち情報提供機能を重視し，測定の目的適合性を重視する，とされる[41]。

　しかしながら，如上の行論には論理はこれを認めることができ

---

[41] 河﨑照行「経済社会と会計理論の変化の諸相」（編著）『会計制度のパラダイムシフト——経済社会の変化が与える影響』2019年，14〜15頁。

ず，要するに，会計の認識対象の拡大のため（拡大したいから），オフ・バランス項目のオン・バランス化のため（オン・バランス化したいから）[42]，信頼性をもって捨てよう，ということか。

理論の意義　　先述のように，デニスによれば，会計処理方法の良否の判定のメルクマールとなるものは並べて「理論」と称されるが，意思決定有用性アプローチを標榜する[43]概念フレームワークという理論については「科学と疑似科学の境界を検証可能性の有無に求める科学哲学の立場からすると，科学的理論は本質的に記述的である。なぜならば，規範的理論の前提となる規範の「絶対的な正しさ」を検証することは不可能と考えられているからである」[44]とされ，「規範理論の今日的到達点として位置づけられる概念フレームワーク」[45]の科学性については「目的適合性や信頼性といった規範概念は実証的な操作性を欠いているとして……疑義が提起されている」[46]とされ，他方また，「目的適合性と信頼性との適切な割合を探求することが，会計理論の使命ということになってしまうのであろうか」[47]と嘆く向きもあるが，果たして会計理論とやらの使命は何だろうか。ただし，

42　友岡賛『会計学の考え方』2018年，第6章。
43　岩崎『IFRSの概念フレームワーク』36頁。
44　藤井秀樹「会計理論とは何か——アメリカにおけるその役割と進化」『商学論究』第63巻第3号，2016年，139頁。
45　藤井「概念フレームワークの理論的性質と役割」11〜12頁。
46　藤井「会計理論とは何か」150頁。
47　笠井「評価規約における収益費用観・資産負債観の意義——意思決定有用性学説（2）」46頁。

福井義高いわく,「「なんでもあり」の精神でやりたいことをやるのが学問のあるべき姿であろう」[48]。

　いずれにしても,会計情報の画一性,財務諸表の比較可能性の要求があり,これは会計処理方法の多様性の低下の必要を意味し,これは種々の処理方法の良否の判定,取捨選択の必要を意味し,良否の判定,取捨選択はメルクマールとしての理論を必要とした。かくして意思決定有用性アプローチを標榜する理論が用いられることとなったが,ただし,会計情報の画一性,財務諸表の比較可能性の要求はそもそもが意思決定有用性アプローチによるものだった。けだし,これがことの次第だろうか。

　劃期だったのか,革命だったのか,あるいは地殻変動だったのかは定かでないが,いずれにしても,意思決定有用性アプローチを求めたのは意思決定有用性アプローチであって,規範的な理論の意義はこの成り行きのなかに認められよう。

---

[48] 福井義高「会計研究の基礎概念」斎藤静樹,徳賀芳弘(責任編集)『体系現代会計学［第1巻］ 企業会計の基礎概念』2011年,509頁。

第7章

会計主体論の存在意義

　あるいは会計学ないし会計理論の「原点」とされ，あるいは「会計の基礎的前提」とされ，あるいは「これなくしては会計理論は成立しないと断言」される会計主体論は，しかしながら，どのような存在意義をもって有するのか。会計主体論を行い，いずれかの主体説を採ることによって規定されるものは何か。
　如上のことについて思量する。

会計主体論の存在意義を問う　*143*
［資本主説 vs. 企業主体説］　*146*
代理人説　*151*
主体論の規定するもの　*153*
会計主体論と論理　*156*

会計主体論[1]の存在意義を問う

「会計主体は, 会計理論の拠って立つ原点」[2]とされ,「会計主体は, 会計学の原点であると同時にまた, 会計学研究の終点ともいえよう」[3]とまでいわれる。

会計学ないし会計理論の「原点」とはどういうことか。

「現在も会計主体論が会計の・基・礎・的・前・提であることに変わりはない」[4]とされ,「会計基準のコンバージェンスのコアとなる会計思考に関する世界的なコンセンサスの形成……は, 会計の伝統ある基礎概念を理論的に踏まえた上で成り立つべきである」[5]ともされる。「会計主体論には, 所有主理論, 代理人理論, エンティティ理論, 企業体理論, 資金理論がある」[6]とされ,「とりわけ所有主理論（資本主説）とエンティティ理論（企業主体説）が会・計・の・基・礎・的・前・提として中心的に位置づけられる」[7]とされる。

「会計の基礎的前提」とは何か。会計主体論の存在意義, 別言すれば, いずれかの会計主体説を「会計の基礎的前提」とするこ

---

[1] 「proprietary theory」ないし「proprietorship theory」については「資本主理論」,「資本主説」,「所有主理論」,「所有主説」等々の訳があり, また,「entity theory」については「企業体理論」,「企業体説」,「企業実体理論」,「企業実体説」等々の訳があり,「エンティティ理論」ないし「エンティティ説」と称する向きもあるが, 筆者は「資本主説」,「企業主体説」という称し方を用いる。

[2] 大堺利実『会計主体論』1988 年,「序」3 頁。

[3] 同上,「序」3 頁。

[4] 齋藤雅子「概念フレームワークと会計主体」『大阪産業大学経営論集』第 11 巻第 2 号, 2010 年, 58 頁。

[5] 同上, 58 頁。

[6] 同上, 54 頁。

[7] 同上, 54 頁。

との意義は何か。

　また,「会計行為のもつ目的性から考えて会計行為の各々が会計主体との概念的結合関係を喪失する場合には会計的論理の力が失われ」[8]るとされ,会計主体を闡明すること「によって会計学のもつ論理性が一層強力なものとされうることとなる」[9]ともされる。

　会計ないし会計学の「論理」は会計主体論に負うているのか。

　「財務報告の有用性に関して……多様な利害関係者を重視する観点」[10]をもって採る国際会計基準審議会（International Accounting Standards Board）(IASB) は「広範な利用者のニーズに指向……従って,財務報告は所有主理論ではなくエンティティ理論に依拠すると結論づけている」[11]とされる。

　何ゆえに「従って」なのか。多様な利害関係者,広範な利用者のニーズに指向する行き方はこれが,資本主説と企業主体説の比較においては,企業主体説と親和する,ということまでは得心できようが,［資本主説vs.企業主体説］を論じ,いずれかの会計主体説に「依拠」することの意義は何か。

　［資本主説vs.企業主体説］の議論については「しかし,そこには多くの誤解があったことも否めない。少なくとも現実の会計実務においては,両説が共存しているということができる。すなわ

8　大塚俊郎「財務諸表の発展と会計主体観」『産業經理』第16巻第1号,1956年,130頁。
9　同上,130頁。
10　齋藤「概念フレームワークと会計主体」55頁。
11　同上,55頁。

ち,資本主説は現行実務の法的側面を支配し,エンティティ説は現行実務の経営的・経済的側面の基礎をなしている」[12]ともいわれるが,筆者とすれば,「共存」していることをもって［資本主説vs.企業主体説］の議論についてその意義を疑問視しているわけでもない。資本主説や企業主体説（エンティティ説）が「支配」し,あるいは「基礎」をなしている,とすることの意義は何か。他方,「規範論として,資本主説またはエンティティ説のいずれかで一貫した体系を構築することは可能であろう」[13]ともされているが,やはりいずれかの主体説は「支配」し,「基礎」をなし,あるいは「依拠」される存在なのか。

　［資本主説vs.企業主体説］についてIASBは「会計主体論の二項対立は所有と経営の分離に根ざしている」[14]としているが,果たしてそうか。「所有と経営の分離」というなら,そこに代理人説（agency theory）の存在意義はないのか。

　「エンティティ説は,企業が資本主から独立した存在であるという前提から出発して云々」[15]とされているが,「企業が資本主から独立した存在である」ということと,資本（所有）と経営が分離している,ということは同義か。

　「ひろい意味でプロプライエタリー・セオリー（資本主説）という場合には……エイジェンシー・セオリー（代理人説）もまた,

---

[12] 村田英治「会計主体論の虚実」『會計』第144巻第6号,1993年,42頁。
[13] 同上,42頁。
[14] 齋藤「概念フレームワークと会計主体」56頁。
[15] 村田「会計主体論の虚実」34頁。

その系列に属するものと解釈しなければならない」[16]といわれるが，資本主説と代理人説を分かつものは資本と経営の分離であるのに対し，資本主説と企業体説を分かつものは企業の資本主からの独立であって，これらは同じくない。

図1　[資本と経営の分離 ≠ 企業の資本主からの独立]

広義の資本主説	資本主説	
	代理人説	←資本と経営の分離
企業主体説		←企業の資本主からの独立

[資本主説vs.
企業主体説]

資本主説と企業主体説のvs.関係についてまずもって引き合いに出されるのはウィリアム・アンドリュー・ペートン（William Andrew Paton）だろう。

例えばアメリカ会計学史の書をものした桑原正行によれば，「アメリカにおける企業実体理論（企業主体説）の提唱者として最も有名なのがPatonであり……有名だけでなく最初の提唱者とされている」[17]とされ，「しかし，より厳密にいえば資本主という概念を批判したという方が適切だろう」[18]とされる一方，「Patonの主張そのものが企業実体理論の特徴になっている感は否めない」[19]ともされる。もっとも「つとに存在したとされる資本主理

16　山桝忠恕『近代会計理論』1963年，265〜266頁。
17　桑原正行『アメリカ会計理論発達史——資本主理論と近代会計学の成立』2008年，119頁。
18　同上，119頁。
19　同上，120頁。

論,と,Patonによって先駆的に提唱されたとされる企業実体理論……はvs.の関係にはない」[20]とする桑原の会計学史は「通説批判の書」[21]であって,したがって,まずは通説をもって確認しておきたいが,ただしまた,「通説とは何か」[22]も問われよう[23]。

あるいは「ペイトン理論は,「企業実体」の論理を・基・礎として,それぞれの時代の経済現象合理化の要請に適応した会計の基準枠,論理枠を提供してきた」[24]ともされる「ペイトン会計理論の変遷は……三つの時代に区分することができる」[25]とされ,まずは「第1期(1910年代後半より1920年代)……「企業実体」の論理をもって伝統的な「資本主理論」を・排・撃した時代」[26]があったとされ,「20年代に設定されたペイトンの「企業実体論」,「営業純利益の測定と公表」の論理は,30年代の会計基準の制度化にあたって基本的に継承され,会計基準の理論そのものとなって展開し

---

[20] 友岡賛「桑原正行著『アメリカ会計理論発達史——資本主理論と近代会計学の成立』(書評)」『経営史学』第45巻第3号,2010年,69頁。
[21] 同上,70頁。
[22] 同上,70頁。
[23] 「通説とは何か,を考えることは,当時の実践,当時の理論,当時の社会状況,および爾後の理論の在り方,を考えることであって,敷衍すれば,これは,当時の実践と当時の理論との関係,この関係を眺める爾後の理論の用い方,爾後の理論における当時の社会状況の捉え方,を考えることなのである」(同上,70頁)。
[24] 宮上一男「ペイトン会計理論の性質」宮上一男(編)『会計学講座[第5巻] ペイトン研究(改訂版)』世界書院,1979年,15頁。
[25] 同上,18頁。
[26] 同上,18頁(( )書きは原文)。

た」[27]とされ,「従来の「資本主理論」とは異なった新しい会計の理論体系を設定することによって……ペイトン理論は, 20 年代に広く受け入れられ, 30 年代に会計基準の内容を構成する理論となるにいたるのである」[28]とされる。

あるいは「ペイトン理論の論理上の核はなんといっても企業実体概念である。この企業実体概念を軸として，ペイトンは資本主理論に対立する「企業そのものの会計」, 企業を有効に管理してゆくという経営目的に役立つ会計, すなわち「経営者の観点にたつ会計」を展開した。したがって, 企業実体の概念はあくまでも論理の起点であって, その論理そのものが会計のゴールではない」[29]ともされる。

あるいは, 会計主体論の専門家と目される村田英治[30]によれば,「会計主体論は, 企業成果の分配にかかわる持分論として扱われることが多い」[31]とされる一方,「これに対して, 会計主体論を「会計の観点」に関する議論と見る立場もある。そこでは, 会計という行為が誰のために行われるかが問われる」[32]とされ,

---

[27] 村瀬儀祐「初期ペイトン理論の基盤」宮上一男（編）『会計学講座［第 5 巻］ ペイトン研究（改訂版）』世界書院, 1979 年, 41 頁。
[28] 同上, 41 頁。
[29] 加藤盛弘「『会計学原理』・『会計理論』」宮上一男（編）『会計学講座［第 5 巻］ ペイトン研究（改訂版）』世界書院, 1979 年, 141 頁（圏点は原文）。
[30] 「筆者は, 会計主体論を主たる研究課題としている」（村田英治「会計制度とエンティティ概念」『経理研究』第 51 号, 2008 年, 102 頁）。
[31] 村田英治「会計主体論と利益概念」『會計』第 180 巻第 5 号, 2011 年, 30 頁。
[32] 同上, 30 頁。

「Patonが，資本主説に対して挑んだのは持分論ではなく，会計がとるべき観点にかかわる」[33]として「Paton説における会計主体は何かといえば，それは資本の委託者としての・投・資・者である」[34]ともされる。

しかしながら，山桝忠恕は次のように述べている。

「多くの論者により，あたかも企業主体論の主張であるかのように，しばしば引用されている，「今日の企業は，企業の成員，とくに出資者から別個の，これと区別された一つのエンティティないし制度であるとみることができ，そのような見地を強調するとするならば，利益のごときもそれが宣言によって出資者に分配されてしまうまでは，ひとまずそれを企業それ自体の利益として取扱うことを要する。したがってまた，かの資本主勘定の貸方に現わされるところのものは，彼等のエクイティの存在を示すものではあるとしても所得自体ではない」という，かの有名な「序説」の一節（意訳）のごときは，このわたくしに言わせるならば，これこそまさしく・代・理・人・説・的な考え方の表明に他ならず，これを企業主体説の主張の傍証に使用するなどということは，とんでもない誤りを犯すものであると思う」[35]。

---

33 同上，31頁。
34 同上，32頁。
35 山桝忠恕「ビジネス・エンティティ論への反省——会計主体論との関連における」『産業經理』第16巻第1号，1956年，116頁（（ ）書きは原文）。

ただし，ここに引き合いに出されている「序説」は『会社会計基準序説』(*An Introduction to Corporate Accounting Standards*) のことであって，周知のように，これはA. C. リトルトン (A. C. Littleton) との共著であり，山桝も，無意識にか，あるいは意識的にか，代名詞を「彼等」として続けている。

> 「つまり……彼等が，企業をもって究極においては株主の代理機関であり，企業の利益は原理的には個々の株主に帰属すべき性質のものであると考えながらも，利益そのものと配当の形においてなされるその支払との間には，鋭い一線を引き，この両者を区別して考えなければならない現実の必要があること……を述べているにすぎないものと見るべきではなかろうか」[36]。

もっとも「W. A. ペートンは，すでに1922年の著作「会計理論」の終章において……企業実体をとりあげ……ペートンのこのような考え方は，周知のごとく，のちにA. C. リトルトンとの共著「会社会計基準序説」のなかに精練された形で示されることになる」[37]ともされているが，しかしまた，山桝のいうこの「彼等」はすぐに「彼」と述べ直され，「彼の場合，利益を企業自体の利益として取扱うというのは，あくまでも相対的暫定的な処置にすぎないのであり……彼の会計学の根底にあると看做さざるを得ない会計主体観もまた，企業主体説的なそれであるというより

---

36 同上，116頁。
37 馬場克三『会計理論の基本問題』1975年，32頁。

は,むしろ代理人説的なそれであるということ」[38] が指摘されており,はたまた,前出の会計主体論の専門家も「残余持分概念に着目すると,Patonのエンティティ説はHusbandの代理人説に通ずる」[39] としている。

代理人説　代理人説は「企業をもって株主集団の代理人であるとみる立場であり,したがってそれはかの資本主々体説の株式会社への適用形態であると一般に理解されている」[40] が,代理人説といえば,まずは江村稔の所説が引き合いに出されよう。

江村によれば,「会計主体論はそれぞれの会計単位に関する会計理論の基礎にあるものであり,これなくしては会計理論は成立しないと断言することができる。すなわち,会計主体の限定の仕方によって,会計理論は大きく変化してくるのであり,会計の計算目的や計算手続は,会計主体の内容の解釈によって規定されると考えられるのである」[41] として「会計主体論は……これなくしては会計理論は成立しないと断言する」「筆者(江村)の会計主体論は……株式会社を株主の代理人と解し,かつ,典型的な株式会社を公開された会社と規定する点に特長を有している」[42] とさ

38　山桝「ビジネス・エンティティ論への反省」117頁。
39　村田「会計主体論と利益概念」32頁。
40　山桝「ビジネス・エンティティ論への反省」117頁。
41　江村稔「代理人会計の理論」『産業經理』第16巻第1号,1956年,122頁。
42　同上,121頁。

れ，図2[43]のように位置付けられる，公開された代理人企業，というものの会計理論が「代理人会計論」の名をもって説かれ[44]，「企業実体」概念の登場については「しかし，それは代理人会計の否定ではなく，むしろ，代理人会計の超克による昇華であると解さるべきであり，従って，企業実体説もしくは企業主主体説には，遂に賛成しえないのである」[45]とされている。

図2　公開された代理人企業

代理人企業	公開会社
	非公開会社
非代理人企業	

また，そうした江村の代理人会計論は，「貨幣資本」概念が採られ，取得原価主義が採られる，その根拠の追究の結果にほかならず[46]，この点については山桝も，代理人説にあっては「原価主義を強く打ち出しうるという点に，その近代的な意義を認めることができる」[47]としているが，しかし，山桝は「しかし，企業が大規模化し高度化すればするほど，そこには所有と経営との分離の傾向，ひいては株式と資本との分離の傾向が顕著になり……企業のもつ株主集団だけにたいする代理機関的性格は，むしろ希薄になっていく一方であるようにも見えるという点に，エンティ

43　江村の記述にもとづいて筆者が作成。
44　江村「代理人会計の理論」123頁。
45　同上，125頁。
46　同上，122頁。
47　山桝『近代会計理論』266頁。

ティ・セオリーが執拗に頭をもたげてくる根拠のひとつがある」[48]
と続けている。

企業主体説に「賛成しえない」江村のいう「代理人会計の超克による昇華」とは何か。

主体論の規定するもの 「基礎的前提」とされ，「これなくしては会計理論は成立しないと断言」される主体論は何をもって規定するのか。例えば［現金主義vs.発生主義］，［財産法vs.損益法］，［取得原価vs.時価］などといった種々のvs., すなわち種々の選択問題はこれが主体論をもって規定されるのか。

例えば，叙上のように，江村の代理人会計論は，「貨幣資本」概念が採られ，取得原価主義が採られる，その根拠の追究の結果にほかならず，「企業は或る人から一定額の貨幣の運用を委託されており，従って，その人に対して返却の責務を負っていると考えて，会計的計算を行うときにのみ，貨幣資本概念も取得原価主義も納得できたのである」[49]としているが，これはトートロジーのような気がしなくもなく，また，この場合の貨幣資本が名目貨幣資本であることについては「企業に委託された貨幣は，それと同じ金額によって返却されるという前提は，企業会計における貨幣価値一定の前提を正当化する」[50]としているが，これもトート

---

[48] 同上，266頁。
[49] 江村「代理人会計の理論」122頁。
[50] 同上，122頁。

ロジーのような気がしなくもなく，そもそも主体論を行い，代理人説を採ることの意義が分からない。

江村は「代理人企業においては，出資者が提供し，かつ，出資者が返却をうけるものと期待している金額が，企業の資本金となる」[51] として「代理人企業においては，株主に返却を要すべき金額としての資本金を維持するよう，適当な考慮をめぐらしたのち，始めて損益計算を行うことが可能となる。返却という考え方は，代理人企業にのみ適用しうるものであって，企業実体説のように，それ自体独立した制度では，必ずしも採用しうるものではない」[52] と続け，「代理人企業の資本概念と利益概念，従ってまた，損益計算は，株主が提供し，かつ，株主に返却すべき貨幣を中心とするものであり，筆者のいわゆる貨幣資本概念によらなければならない」[53] として「貨幣資本概念をとる限り，取得原価主義は，当然に帰結される原則となる」[54] と断ずるが，こうした江村の行論「は代理人企業を前提としなければ説明がつかないということではないと考える」[55] 向きがあり，筆者も同断である。

他方，山桝は「典型的な意味におけるプロプライエタリー・セオリーにあっては，どちらかといえば財産の計算がその中心課題をなし，損益計算の方法としても純財産増加法的な色彩が濃厚であったのにたいし，ここ（代理人説）では損益の算定こそを会計

---

51 江村稔「会計主体の概念について」『會計』第 67 巻第 4 号，1955 年，60 頁。
52 同上，60 頁。
53 同上，61 頁。
54 同上，61 頁。
55 大堺『会計主体論』23 頁。

の中心課題とし,また原価主義を強く打ち出しうるという点に,その近代的な意義を認めることができる」[56] としているが,これは［資本主説 → 代理人説］のなかに［財産法 → 損益法］を認めているのか。けだし,［資本主説 → 代理人説］という移行は受託者（代理人）から委託者への報告・説明の必要が生ずることを意味し,報告・説明には,結果たる損益について,その原因を説明する名目勘定（収益と費用）が要る,ということか。

　［取得原価vs.時価］については以下のように資本主説にあっては時価,企業体説においては取得原価ともされているが,どうしてだろうか。

> 「資本主的観点における会計においては,資本主の最大の関心事である最終的に資本主に帰属するところの財産在高の計算にその焦点が求められる。または,その純財産の増減額（利益・損失の発生額）に関心がおかれる。そこで,当然の結果として,企業財産の評価は,評価等の時価基準によって行なわれることとなろう。かかる会計の目的観は,財産計算等を主たる目的とする静的貸借対照表目的観に相通ずることとなる。ところが企業体的観点に立つ会計においては……会計計算の焦点は,企業の経営活動の成果計算または,経営能率の測定におかれることになろう。会計計算の目的が……成果計算におかれるとすれば……経営活動のために投下された投入原価が,記録計算の基準となるのである。いわゆる原価主

56　山桝『近代会計理論』266頁。

義会計の成立である。かかる会計の目的観は，成果計算ない
し損益計算を目的とする動的貸借対照表目的観に通ずるこ
とになる」[57]。

どうして「当然の結果として」「時価」なのか。どうして成果
計算は「原価主義会計」なのか。いや，そもそも，どうして資本
主説は財産計算なのか。

これについては「もっとも，資本主的観点からしても，経営能
率の増進ないしは向上に対し全く無関心であるということではな
い。何故ならば，そのことは，利益の獲得〔ママ〕いては自分自身の純
財産の増加に連結するからである。しかし，資本主の直接的関心
は，経営能率の増進というよりは，むしろ企業財産（資本主個人
に帰属する財産）の保全と純財産増殖のための管理におかれてい
るものといえよう」[58] と補説されているが，「純財産増殖のため
の管理」は損益計算をもって求めないのか。

会計主体論と論理　　既に引いたように，「会計行為のもつ目的
性から考えて会計行為の各々が会計主体と
の概念的結合関係を喪失する場合には会計的論理の力が失われ」
るとされ，会計主体を闡明すること「によって会計学のもつ論理
性が一層強力なものとされることとなる」ともされているが，
会計主体論を行い，いずれかの会計主体説に定める，ということ
は，会計の目的の明確化を意味し，したがって，論理の強化を意

---

[57] 大堺『会計主体論』16頁（（ ）書きは原文）。
[58] 同上，16頁（（ ）書きは原文）。

味する，ということになるのか．

　会計主体論は，これを大雑把に換言すれば，会計における報告の相手は誰か，という議論であって，この選択問題は，会計の目的をどこにおくか，に直結する．敷衍すれば，相手は誰か，ということを定めることによって，何を報告しなければならないか，ということが定まり，会計処理の仕方が規定されることになるが，それは果たして論理の強化を意味するのか．

　むろん，「論理」は頗る抽象度の高い概念であって，どのようにも解することができ，ときに「必要性の論理」[59]といった用法もみられるが，目的の明確化は論理の強化なのだろうか．

　もっとも「必要性の論理」について論ずる向きはこの「論理」をもって否定的に論じ[60]，特に有価証券の時価評価の必要性を説く向きを俎上に載せ[61]，「[有価証券等の原価測定による経営者の恣意的な処理に関する実証分析 → 経営者の恣意的処理の，投資家の判断への悪影響 → その悪影響を除去するための，有価証券等の時価測定の必要性 → 有価証券を時価で測定するために必要な実現可能基準の導入]といった論理的関連のもとで，有価証券の時価測定が主張され……そこでは，もっぱら有価証券を時価測定することの必要性から立論されており，必要であるということが，そのまま有価証券の時価測定の現行会計への導入をいわば理論的に正当化してしまっているのである」[62]と批判しているが，

59　笠井昭次『会計の論理』2000年，165頁．
60　同上，第4章．
61　同上，212〜213頁．
62　同上，167〜168頁．

どうして「論理的関連」とし,あるいは「理論的に正当化」とするのだろうか。批判されている向きは「論理的関連」を考え,あるいは「理論的に正当化」を考えているのだろうか。

他方,批判されている向きは「既存の会計基準がもたらした不合理な経済的帰結に着目して,会計基準の改訂を促す見解に対して,「それは必要性の論理であって,可能性,必然性の論理ではない」といった意見が学界の一部に見受けられます」[63]と述べ,「こうした議論は,それが醸し出すアカデミックな禁欲性・価値中立性のイメージのゆえに,会計学界でも少なからぬ共鳴を得ているようですが,その底流にある価値相対主義と規範アレルギーは,会計学の学び甲斐を削ぐ可能性をはらんでいるように思われます」[64]と述べている。

筆者とすれば,いずれに与するつもりもないとはいえ,会計主体論を行うことによって,会計の相手が定められ,例えば,この相手の意思決定に必要な情報を提供するにはこの処理方法を選択すべき,といった規範論がもたらされるということは否定しえない。他方また,会計主体論を行うことによって,或る主体説が選択され,この主体説にあってはこの処理方法が選択されることになる,と述べられ,あるいは,この処理方法が選択されているのはこの主体説が採られているからである,といったように説かれようが,やはり種々の選択問題はこれが主体論をもって規定され

---

63 醍醐總「財務会計の学び方と学び甲斐」醍醐總(編著)『財務会計論ガイダンス(新版)』2000年,11頁。
64 同上,12頁。

るのか。

　例えば「企業会計は，株式会社の最終的な所有者である株主に帰属する利益を計算するシステムとして構築されている。そのため，企業に関わる様々なステークホルダーへの配分額は原則として費用として認識されることになる」[65]と説かれるが，株主以外の利害関係者に対する配分が「費用」とされるのは資本主説が採られているからなのか，はたまた，株主以外の利害関係者に対する配分が「費用」とされるのは，会計主体論的にいえば，資本主説が採られていることになる，ということなのか。

---

[65] 國部克彦「会計・責任・制度②　会計と不平等」『書斎の窓』第663号，2019年，28頁。

第8章

無形資産会計論の存在意義

　「無形資産会計論」と称される分野の存在意義が分からない。「無形」概念に拘ることの意義が分からない。暖簾会計論を無形資産会計論において行うことの意義が分からない。
　如上の疑問にもとづいて思量する。

「無形資産」の定義　163
不確実な固定資産　164
無形資産会計論の意義　168
暖簾をめぐる議論　172

第8章　無形資産会計論の存在意義

「無形資産」の定義　「無形資産が会計の有用性低下の主たる原因である」[1]とする向きは、したがって、「無形資産の台頭と会計の凋落」[2]という論題をもって掲げる。「無形資産という目に見えないものが、とても大切な経済社会になっている」[3]とされる。しかし、けだし、「とても大切」だからといって、「無形資産という目に見えないもの」を一つの範疇と捉え、これを論ずることが「とても大切」とは限らない。

「無形資産会計論」と称される分野があるが、いま一つその意義が分からない。そもそも無形資産（intangibles；intangible assets）とは何か。

日本会計研究学会の特別委員会（2003年～2005年）の成果としてまとめられた2006年刊の『無形資産の会計』は、600頁近い大冊ながら、しかし、「無形資産」概念に関する議論、無形資産の定義に関する議論はおよそなく、「無形資産は「物理的な形態または金融商品としての形態を有しない将来便益に対する請求権」であるが云々」[4]と実にあっさりと定義めいたものが述べられ、また、国際会計基準（International Accounting Standard）（IAS）

1　バルーク・レブ，フェン・グー／田中優希，河内山拓磨，野間幹晴，円谷昭一，加賀谷哲之，米谷健司，鈴木智大，古賀裕也（訳），伊藤邦雄（監訳）『会計の再生――21世紀の投資家・経営者のための対話革命』2018年，129頁。

2　同上，115頁。

3　野口倫央「研究開発投資の適切な会計処理は？」『会計人コース』第54巻第8号，2019年，82頁。

4　伊藤邦雄「無形資産会計の新展開」伊藤邦雄（編著）『無形資産の会計』2006年，10頁。

についての記述において「IAS 38 号ではまず，無形資産を「物的実体のない識別可能な非貨幣性資産」として定義している」[5]と述べているに過ぎない。

無形資産の分類や特性についての記述，あるいは例示の類いはみられるが，これらは，むろん，決して定義ではない。特性にしても，例えば「「無形資産」という用語は，価値測定が困難であることを示唆している」[6]ともされているが，「測定が困難」は無形ゆえの特性か。「無形資産の実質的内容は，通常，例示列挙によらざるを得ない」[7]ともされているが，むろん，例示は「無形資産の具体的属性を体系的かつ統一的に提示するものではない」[8]。

「無形」概念の意義も疑問ながら，「金融商品としての形態を有しない」こと，あるいは「非貨幣性資産」たることの意義は最早，論ずるまでもないことなのか。

不確実な固定資産　上記の『無形資産の会計』よりも 40 年近く前，1969 年に上梓された『無形資産会計序説』は，序説らしく，かなり白紙の状態から始めている。

5 　大塚成男「IAS 38 号「無形資産」」伊藤邦雄（編著）『無形資産の会計』2006 年，113 頁。
6 　S. H. ペンマン／荒田映子，大雄智，勝尾裕子，木村晃久（訳）『アナリストのための財務諸表分析とバリュエーション（原書第 5 版）』2018 年，75 頁。
7 　古賀智敏『知的資産の会計――マネジメントと測定・開示（改訂増補版）』2012 年，6 頁。
8 　同上，6 頁。

「具象性の有無という事それ自体は,無形資産の第二義的ないし派生的な特質ではあり得ても,その基本的な属性をなすものではない。何故ならば,無形たると有形たるとをとわず,会計上「資産」たるの基本的属性の認識それ自体が……具象性の有無とは原理的に無縁だからである。「実体を具備しないあるいは有体の欠如」という観点だけからいえば,流動資産たる売掛金も「無形」であり,前払費用や繰延費用もまた同様に無形である。さらに,厳密にいえば,有価証券にしても手形債権にしても,また,現金・預金等にしても,具象性によりその資産性が会計上容認されているわけのものではない。にもかかわらず,一般にこれらの資産を「無形資産」とはよばないのである」[9]。

かくて具象性の有無の意義を否定するこの序説は別の意義をもって「intangible」に見出し,すなわち「tangibleとintangibleという語は,具象性の有無という観点のほかに,相対的な意味で'certainty'に対する'uncertainty'という意味をふくんでいることを理解すべきである。……つまり「資産」としての確実性の度合に関する相対的な認識である。とくにuncertaintyという要素をもって無形資産の最も重要な特性と考えている学者にヘンドリクセン（Eldon S. Hendriksen）がある」[10]と述べ,畢竟,「要するに,貸借対照表上における「有形」・「無形」の範疇並びにその区分は,会計の報告領域において,伝統的に遵守されてきた債権者中心思

9　久野秀男『無形資産会計序説』1969年,43頁。
10　同上,52頁。

想の発現にすぎず，とくに，法制度における債権者保護の伝統を忠実に反映したものであると断定してよいと思う」[11] としているが，有形資産と無形資産をもって「債権者保護の伝統」に鑑みて確実な資産と不確実な資産として区別する，ということは，要するに，債務返済手段として怪しいものを区別して示す，ということであって，畢竟，換金可能性ということか。確実・不確実は後出の測定の信頼性ないし客観的な測定可能性にも繋がるが，換金可能性とは次元をもって異にする。「断定」には異論はあろうが，この解釈は明快である。

また，如上の序説が引き合いに出しているエルドン S. ヘンドリクセンの 1965 年刊の書は「通例，無形資産は「具体的な存在形態のない固定資産……」と定義される」[12] として「固定資産」に限定し，「一つの共通した特質は，無形資産が企業の当該営業循環過程を越えて企業に効益をもたらすということが期待されることである」[13] と説きつつ，「しかし，具体的な存在形態が欠如しているという特質は不分明である」[14] と続け，「無形資産のもっとも重要な唯一の特質は，将来享受されるべき効益の価値に関する不確実性である」[15] としているが，「もっとも重要な唯一

---

[11] 同上，53頁。
[12] エルドン S. ヘンドリクセン／飯岡透，飯田修三，大岩弘和，戸田秀雄，小野弓郎，村上仁一郎，市川秀男，早矢仕健司（訳），水田金一（監訳）『会計学［下巻］』1971年，472頁。
[13] 同上，472頁。
[14] 同上，472頁。
[15] 同上，473頁。

の特質（the most important single characteristic）」[16]とはどういうものか。しかも，「借地権や賃借不動産工作物利用権は別として，無形資産のもっとも重要な唯一の特質は……」[17]ということであって，共通性はこれに欠ける。共通性に欠けるものはこれを定義に入れることはできようか。

他方，「固定資産」についていえば，「従来より，無形資産は固定資産であるのが当然とされており，現在まで無形資産の流動・固定に関する議論はほとんど行われてはいない」[18]のはどうしてか。

これについて代表的な辞典の類いを参照してみるに，或る『会計学大辞典』には「機械や土地のように具体的な形があるわけではないが，長期にわたって経営に利用され，なんらかの経済的ベネフィットをもたらすことが期待される財」[19]という「無形固定資産」の項はあっても「無形資産」の項はなく[20]，また，或る『会計学辞典』も同様に「有形固定資産のように実体をもたないが，長期にわたって事業の用に供され収益の獲得に貢献する資産」[21]という「無形固定資産」の項のみがあり[22]，ただし，些か

16　Eldon S. Hendriksen, *Accounting Theory*, 1965, p.337.
17　ヘンドリクセン／飯岡，飯田，大岩，戸田，小野，村上，市川，早矢仕（訳），水田（監訳）『会計学［下巻］』473頁。
18　山内暁『暖簾の会計』2010年，210頁。
19　伊藤邦雄「無形固定資産」安藤英義，新田忠誓，伊藤邦雄，廣本敏郎（編集代表）『会計学大辞典（第5版）』2007年，1276頁。
20　安藤英義，新田忠誓，伊藤邦雄，廣本敏郎（編集代表）『会計学大辞典（第5版）』2007年，1275～1276頁。
21　朴大栄「無形固定資産」神戸大学会計学研究室（編）『会計学辞典（第6版）』2007年，1129頁。

古い或る『会計学辞典』には「無形固定資産」とともに「無形資産」の項がみられる[23]が、ただし、「無体の資産で、営業権・特許権・借地権・商標権・実用新案権・意匠権・鉱業権などがこれに属する」[24]とするこれは定義とはいえないだろうし、ちなみにまた、「固定資産に属し、「有形固定資産」および「投資その他の資産」とともにその構成内容の一つをなす」[25]という「無形固定資産」の説明に至っては無形であることへの言及すらなく、およそ説明になっていない。

無形資産会計論の意義　また、序説やヘンドリクセンから一挙に半世紀近く時を下り、2012年刊の『無形資産会計のフレームワーク』は「無形資産とは、特許権やノウハウ、技術力など、物理上または金融上の実体を有さない資産とされる」[26]として金融資産はこれも排除し、しかし、「有形資産にも金融資産にも分類することができなかった項目が消去法的に無形資産として認識されている」[27]としているが、やはり「消去法」に過ぎないのか。

他方、再びヘンドリクセンに目をやれば、彼は「600社の年次

22　神戸大学会計学研究室（編）『会計学辞典（第6版）』2007年、1129～1130頁。
23　黒澤清（編集代表）『会計学辞典』1982年、817～818頁。
24　佐藤宗彌「無形資産」黒澤清（編集代表）『会計学辞典』1982年、818頁。
25　神森智「無形固定資産」黒澤清（編集代表）『会計学辞典』1982年、817頁。
26　藤田晶子『無形資産会計のフレームワーク』2012年、5頁。
27　同上、25頁。

営業報告書に関する最近（1960年代前半）の調査」[28]をサーベイの上,「したがって，無形資産は企業の財務報告における未記録の，しかも，過小評価される資産のうちでもっとも重要な唯一の資産であるように思われる」[29]としているが,「未記録の，しかも，過小評価される (unrecorded and undervalued) 資産」[30]とは,要するに，オフ・バランス項目のことだろうし,「このようなことはなぜ許されるのであろうか」[31]とこうした資産の存在を問題視しているということは，畢竟，オン・バランス化したい，オン・バランス化すべき，ということか。

「消去法」は消極的ながら,「したい」や「すべき」は積極的というべきか。

「したい」や「すべき」とする向きはオフ・バランスによって会計情報の価値関連性とやら[32]が低下をみていることを問題視し[33],「伝統的会計では，プロダクト型経済を背景としてプロダ

---

28 ヘンドリクセン／飯岡，飯田，大岩，戸田，小野，村上，市川，早矢仕（訳），水田（監訳）『会計学［下巻］』471頁。
29 同上，471頁。
30 Hendriksen, *Accounting Theory*, p. 336.
31 ヘンドリクセン／飯岡，飯田，大岩，戸田，小野，村上，市川，早矢仕（訳），水田（監訳）『会計学［下巻］』471頁。
32 下記のものを参照。
中川豊隆「Value Relevanceとは何か」『岡山大学経済学会雑誌』第47巻第2号，2016年。
33 古賀智敏「変化の中での企業会計の系譜と発展——経済のグローバル化・ソフト化・多様化の中で企業会計はいかに変容し，また変容しようとしているか」古賀智敏（編著）『会計研究の系譜と発展』2019年，xxxi頁。

クト（有形財）を対象とし……「有形財 – 取引アプローチ – 測定の信頼性」の図式によって取得原価会計が基礎づけられてきた。その結果，現行会計基準では，無形価値をもったインタンジブルズの多くがオフバランス処理され，また，獲得される収益に対して費用が相対的に高く計上されるので，1期間の報告利益が過少計上される」[34]と説き，あるいは「研究開発投資支出の効果の発現が，資本的支出よりも顕著に高いという研究成果の蓄積や，研究開発活動のリスクの大きさが業種によって異なるという……発見は，研究開発資産の計上に柔軟な選択肢を提供しているIAS 38を支持する内容となっていると言え……米国や日本会計基準のように，すべての業種で研究開発支出を費用処理することは，かなり保守的な会計基準を採用していることになる」[35]ともされる。また，これは収益と費用に「非対応が生じている」[36]ことをもって意味し，「対応原則と信頼性規準の間には，緊張関係が存在する」[37]とされる。いわく，「信頼性規準によれば，資産・負債は，正確に測定することができ，主観的な意見や偏りのない，客観的な証拠が得られる場合にのみ，貸借対照表において認識されることになる。それゆえ……多くの無形資産は貸借対照表に計上されていない。研究開発から生み出された知的資産も通常は計上されない。……R&D資産や，ブランド資産に対する投

---

[34] 同上，xxx～xxxi頁（（ ）書きは原文）。

[35] 與三野禎倫「インタンジブルズ実証研究の過去・現在・未来」古賀智敏（編著）『会計研究の系譜と発展』2019年，222頁。

[36] ペンマン／荒田，大雄，勝尾，木村（訳）『アナリストのための財務諸表分析とバリュエーション（原書第5版）』53頁。

[37] 同上，53頁。

資は……損益計算書において即時費用化することが会計基準で定められ……しかしその結果……非・対・応・が生じ……対応原則と信頼性規準の間には，緊・張・関・係・が存在する」[38]。

 他方，資産計上については「ブランド資産や知的財産，経営者の能力など……いわゆる無形資産……が貸借対照表に計上されないのは，会計専門家がそれらの価値を明らかにすることが非常に困難で……「信頼性」規準に従った測定を行うことができないからである」[39]とされ，「会計では，これらの資産にゼロの価値を付す」[40]ともされており，すなわち，費用処理によって「利益が過少計上される」ことは「保守的」といえようが，他方，費用処理によって貸借対照表に資産計上されないことも「保守的」といえようか。

 また，翻って「IFRS（国際財務報告基準）による見える化」[41]は「研究開発の局面のうち開発局面に関しては，収益獲得の可能性の上昇を根拠に一部の資産認識を要求し」[42]たことによって「大切なものが目に見える」[43]ようになったとされているが，そうなった「大切なもの」はやはり「無形資産という目に見えないもの」なのか，あるいは「過少」に非ざる「利益」なのか。

 それにしても，固定資産にして非貨幣性の無形資産を「無形資

---

38 同上，52〜53頁。
39 同上，74頁。
40 同上，74頁。
41 野口「研究開発投資の適切な会計処理は？」83頁。
42 同上，83頁。
43 同上，84頁。

産」概念をもって捉えることの意義は何か。そうした無形資産について論ずる無形資産会計論の存在意義は奈辺にあるのか。

　繰延資産はこれを無形資産に含めないのはどうしてか。何が違うのか。これについては「繰延費用すなわち商法上のいわゆる「繰延資産」を構成する諸項目は，支出済でありかつ給付を受領済であるから，本来的には「損費」たる性質を有するのであるが，将来の収益との対応関係を予測して……「繰延」の手続がとられたもので……英国では，一般にこれらの項目を「擬制的資産」と称し……無形資産項目とは，まったく異質なものである」[44]ともいわれるが，「対応関係」と「将来便益」は，言い様こそ異なるものの，畢竟，同じことではないのか。

　ただしまた，「繰延資産としての開発費は適正な期間損益計算を目的とする収益費用アプローチのもとで容認された資産であるが，IAS 38 における無形資産としての開発費は基本的にモノの取得原価であり，将来の経済的便益を持つか否かを重視する資産負債アプローチのもとで認識が義務づけられた資産であるという解釈も成り立つのかもしれない」[45]ともされる。

暖簾をめぐる議論[46]　むろん，俎上に載せなければならないのは暖簾である。暖簾をもって無形資産とは捉えない行き方もある[47]とはいえ，「一般的には無形資産の一

44　久野秀男『無形資産会計序説』45頁。
45　藤田『無形資産会計のフレームワーク』109頁。
46　木村太一氏（多摩大学）との議論に多くを負っている。
47　山内『暖簾の会計』207～212頁。

部として考えられている」⁴⁸とされ，また，「暖簾会計をめぐる課題を考察することは，暖簾会計のみならず会計全体の枠組みにかかわる諸問題を考察することにも繋がる」⁴⁹とされる。

ただし，暖簾については山内暁の書があって，けだし，これは他の追随を許さず，19世紀後半から21世紀に至るまでの暖簾観の変遷をもって［無形財的暖簾観 → 超過利潤的暖簾観 → 残余的暖簾観 → シナジー的暖簾観］と捉え⁵⁰,「ただし……無形財的暖簾観と超過利潤的暖簾観とは常に切り離して考えられていたというわけではなく……暖簾を超過利潤としたうえで，その超過利潤を生み出す源泉としてさまざまな無形財があると考える論者と，暖簾を無形財としたうえで，その無形財を有している結果として超過利潤が生じるというように考える論者とがいた」⁵¹ことに留意し，［暖簾 ＝ 超過利潤 ← 無形財］と捉えられる前者は収益費用アプローチ的な思考により，［暖簾 ＝ 無形財 → 超過利潤］と捉えられる後者は資産負債アプローチ的な思考によっている⁵²と指摘している点は興味深いが，けだし，しかし，この指摘には発展性（次の議論に繋がるもの）が看取されない。

暖簾については「タブーとされてきた自己創設のれん」⁵³の論点が重要ながら，これについては自己創設暖簾の評価・測定にか

---

48 同上，208頁。
49 同上，「はしがき」5頁。
50 同上，37〜132頁。
51 同上，83頁。
52 同上，83〜84頁。
53 藤田『無形資産会計のフレームワーク』13頁。

かわる議論は繁くみられるものの，

　（借方）暖簾　XXX／（貸方）利益　XXX

なのか，あるいは

　（借方）暖簾　XXX／（貸方）資本　XXX

なのか，といった議論は寡聞にして余り知らない。ちなみに，オフ・バランスを問題視し，オン・バランス化しようとする向き（とりわけリース会計の研究者）は繁く「資本化」という言い様を「オン・バランス化」と同義に用いる[54]が，けだし，これは「資本化」とはいうものの，その実，この「資本」は経済学的な資本であって，会計ないし会計学的な資本ではなく，要するに，資産化のことだろうし，あるいはまた，オフ・バランス・シート・ファイナンシング（負債を計上しない資金調達）対策という意味においては負債化ないし他人資本化ということか[55]。

　他方，[（貸方）資本　XXX]とする理由はこれを資本維持に求めることもできようが，自己創設暖簾は利益ではなく，利益をもたらすもの，と捉える場合には維持すべき資本とされようか。

　ところで，「リースを資産および負債として計上するいわゆるリースの資本化」[56]とされるように，リース会計の場合は [（借

---

[54] 「「リース取引のオンバランス化」という用語の代わりに，「リース資本化」という用語を使う人もいる」（洪慈乙「リース取引に関する会計の基本問題」『山形大学紀要（社会科学）』第45巻第1号，2014年，81頁）。

[55] 「資本化」という言い様については荒田映子氏（リース会計の専門家）の教示を受けたが，ただしまた，如上の捉え方は筆者の勝手な解釈によっている。

[56] 田中建二『オフバランス取引の会計』1991年，45頁。

第8章　無形資産会計論の存在意義　175

方) リース資産　XXX／(貸方) リース負債　XXX] とされようが, ただし, 或る意味において [(借方) リース資産　XXX] と [(貸方) リース負債　XXX] はセットではない。例えば, リース資産を計上しないと, 経営効率（総資産利益率）が過大に示されてしまう, といった問題に対処すべく, [(借方) リース資産　XXX] が行われ, また, オフ・バランス・シート・ファイナンシングという別の問題に対処すべく, [(貸方) リース負債　XXX] が行われる。

かくて [(借方) リース資産　XXX] と [(貸方) リース負債　XXX] はセットではなく, すなわち [(借方) リース資産　XXX／(貸方) リース負債　XXX] は複式ゆえのことではなく, しかし, 一方, [(借方) 暖簾　XXX／(貸方) 利益　XXX] なのか, あるいは [(借方) 暖簾　XXX／(貸方) 資本　XXX] なのか, ということが問題となるのは複式ゆえのこと, すなわち [(借方) 暖簾　XXX] の相手が問題となるのは複式ゆえのことである。

[(貸方) 利益　XXX] なのか, あるいは [(貸方) 資本　XXX] なのか, ということは暖簾論ないし自己創設暖簾論によって決められるものなのか, はたまた, 暖簾の性格の捉え方とは関係なく, 例えば資本論（資本とは何か）がこれを決めるのだろうか。

なお, 暖簾は「超過収益力（超過利益の源泉）を意味する」[57] とし, ただし, 自己創設暖簾の資産計上が認められない理由に挙げられる客観的測定の困難性について「超過収益力そのものを結果的に収益還元価値として測定することは, 別段困難であるわけで

57　白石和孝『知的無形資産会計』1997年, 22頁（(　) 書きは原文）。

はない」[58]とし,「超過収益力を結果的にもたらすような経営努力を反映した支出(自己創設暖簾に関連する支出)を,支出時に客観的に測定するのが困難」[59]ということとし,この支出は「支出時にいったん費用処理されているので,すでに費用処理されたものを・再・び・利・益・に・戻・し・入・れ,改めて貸借対照表に資産計上する必要はないとみることもできる」[60]とする向きもある。

ところで,自己創設暖簾の相手勘定についての「議論は寡聞にして余り知らない」と前述したが,無形資産のうち,コア預金取扱権(Core Deposit Intangible)(CDI)については自己創設CDIの相手勘定についての議論をみることができる[61]。

CDIとは「貯蓄金融機関において……預金者との関係が長期的かつ安定的であり,引き出されることなく自社に留め置かれると予想される預金である「コア預金」……が活用されていることを示す……無形資産」[62]であって,このCDIをめぐる議論においては「資産の観点から検討した場合,購入CDIと自己創設CDIとの相違点は明確ではない。しかし……相手勘定となる項目については両者に大きな違いがある」[63]とされ,「自己創設CDIについては,相手勘定を明確に決定することができない。……相手勘定

---

58 同上,23頁。
59 同上,23頁。
60 同上,23頁。
61 大塚成男「自己創設無形資産の否定――「コア預金取扱権(CDI)」を題材として」伊藤邦雄(編著)『無形資産の会計』2006年,261〜264頁。
62 同上,251頁。
63 同上,261頁。

となり得るのは資産の減少,負債の増加,資本の増加,収益の発生であるが,どれを相手勘定とする場合であっても問題が生じる」[64]とされる。ただし,その「問題」は「CDIの獲得は株主との取引ではないため,拠出資本の増加として処理することはできない」[65]ということや「自己創設CDIは財貨・役務の提供によって獲得されるものではない以上,収益認識の基準が実現を原則とする限りにおいては,収益とともにCDIを認識することはできない」[66]といった「現在の制度」[67]上の「問題」であって,叙上のような筆者の関心とは次元を異にしているが,ただし,「自己創設CDIの認識にあたっての相手勘定を決定できる枠組みがない……点が,自己創設CDIの認識を阻害する最大の要因となっている」[68]と結論されており,これは複式ゆえのことに相違なく,また,「測定可能性については,購入CDIに対する評価方法がそのまま自己創設CDIにも適用可能で……購入CDIが測定可能性を有するにもかかわらず,自己創設CDIには測定可能性がないとする理由はない」[69]とされ,自己創設暖簾の資産計上が認められない理由に挙げられる客観的測定の困難性は「自己創設CDIの認識を阻害する……要因」には非ずということゆえ,相手勘定

---

[64] 同上,262頁。
[65] 同上,263頁。
[66] 同上,263〜264頁。
[67] 同上,264頁。
[68] 同上,264頁。
[69] 同上,260頁。

の問題こそが阻害要因として重視される、ということだろうか。

「筆者の関心とは次元を異にしている」とは述べたものの、如上の自己創設CDIの議論に言及された「実現」にも意を用い、すなわち、実現基準をもって自己創設暖簾はこれを未実現利益と捉え、繰延利益とする場合には

　　（借方）暖簾　XXX／（貸方）負債　XXX

とすることも考えられようが、これは［（貸方）利益　XXX］なのか、あるいは［（貸方）資本　XXX］なのか、という議論とは次元を異にし、また、純資産は増加をみない資産の認識、というものの意味はこれをどのように解するか。［（借方）暖簾　XXX／（貸方）負債　XXX］は備忘記録なのか。さらにまた、如上の未実現利益は該企業が買収されたときに実現をみるが、そうした実現利益の性格はこれをどのように解するべきか。実現をみた暖簾は買入暖簾にほかならないが、ただし、これは買収企業側のことにほかならず、むろん、買収企業にとっての実現ではない。

　買入暖簾は誰にとっての実現か。被買収企業は被買収であって最早、存在せず、しからば、被買収企業の資本主（株主）にとっての実現か。一見、これは資本主説的な解釈ともとれようが、しかし、これは、資本主以外の利害関係者はこの件には関係ない、というだけのことであって、主体論とは関係ない。そもそも主体論は、会計処理等を観察の結果、こうした会計処理は○○説的な思考によっている、といったようには述べられるものの、存外、

主体論によって規定されるものは少なく[70],「よっている」といった言い様の適否も定かでない。前出の山内の「後者は資産負債アプローチ的な思考によっている」といった指摘はこれも同様というべきか。

　また，[(借方) 暖簾　XXX／(貸方) 繰延利益　XXX] とした場合，その後はどうなるのか。買収され，実現をみるまでの間はどうなるのか。むろん，買収はこれも予定されているわけでもない。

　他方，「買収企業（報告企業）の観点からすれば，買入のれんと自己創設のれんの相違は，期中における取引処理と決算処理との区別として捉えることができ……決算においては，報告企業自身が企業評価されることによって，自己創設のれんを定義できる」[71] ともされているが，しかし，「評価・換算差額は……負債の定義を満たさない」[72] ともされ，「負債の定義については，経済的資源（経済的便益）の犠牲を伴う義務といった定義が定着しているため，繰延収益説（負債説）を採るのは，現実には難しい」[73] ともされる。もちろん，これは負債の定義によって左右されようが，そもそも自己創設暖簾は評価差額なのか。先述のように「自己創設暖簾は利益ではなく，利益をもたらすもの，と捉える場合には」自己創設暖簾は財産の増加に非ず，ということであって，し

70　第7章。

71　梅原秀継『のれん会計の理論と制度——無形資産および企業結合会計基準の国際比較』2000 年，23 頁（(　) 書きは原文）。

72　池田幸典『持分の会計——負債・持分の区分および資本取引・損益取引の区分』2016 年，272 頁。

73　同上，293 頁（(　) 書きは原文）。

たがって，評価差額ではない。

　暖簾があるからこそ，評価差額，すなわち企業価値の増加がもたらされる，ということであって，企業価値の増加がすなわち暖簾，という関係にはなく，暖簾は評価差額の源と解されようし，また，額についても［企業価値の増加額　＝　暖簾額］ということではない。ただし，むろん，これは暖簾観に左右される。

　いずれにしても，無形資産会計論における暖簾会計論の意義は暖簾観によって左右されようが，「一般的には無形資産の一部として考えられている」からといって，無形資産会計論において論ずることの意義は定かでない。

第9章

会計の終焉と会計学者の責任

　会計情報の有用性の低下を問題視して会計の終焉を説くバルーク・レブとフェン・グーの書および会計における有用性の偏重を嘆き，割引現在価値を槍玉に挙げ，会計学者の責任を説く渡邉泉の書をもって併せ俎上に載せる。

会計の終焉，あるいは再生　*183*
会計情報以外の情報，あるいは非財務情報　*188*
会計学者は責任を問われるのか　*192*
有用性と信頼性　*196*

**会計の終焉,
あるいは再生**

2016年に刊行された *The End of Accounting* は,ただし,下記の事訳により,これに『会計の再生』という邦題が付けられている。

「本書の原題は *The End of Accounting* である。もちろん原題に忠実な日本語を当てれば『会計の終焉』である。しかし,本書の副題「21世紀の投資家・経営者のための対話革命」にも表れているように,著者たちは会計自体の有用性が全くなくなったと切り捨てるのではなく,その有用性を回復させることに熱き情熱を注いでいる。言いかえれば,本書は会計の本来の役割に回帰し,会計を蘇生させることに主眼を置いている。本書の日本語タイトルを『会計の再生:21世紀の投資家・経営者のための対話革命』とした所以である」[1]。

会計情報について「投資家向け情報としての有用性の衰退 (fading usefulness)」[2] を問題視するこの書は「投資家の意思決定に対する財務情報の有用性および価値関連性が急速に,かつ,持続的に低下してきたことを示」[3]し,「今日の財務報告書は投資家に

---

[1] バルーク・レブ,フェン・グー/田中優希,河内山拓磨,野間幹晴,円谷昭一,加賀谷哲之,米谷健司,鈴木智大,古賀裕也(訳),伊藤邦雄(監訳)『会計の再生――21世紀の投資家・経営者のための対話革命』2018年,vi頁。

[2] 同上,3頁。
Baruch Lev and Feng Gu, *The End of Accounting and the Path Forward for Investors and Managers*, 2016, p.xiii.

[3] レブ,グー/田中,河内山,野間,円谷,加賀谷,米谷,鈴木,古賀(訳),伊藤(監訳)『会計の再生』4頁。

とって価値関連性のある情報のうちのわずか5％ほどしか提供できていない」[4]ことを指摘し，「あまねく存在する財務報告情報が21世紀の投融資意思決定にほとんど適合しないものであると位置づけ」[5]ている[6]が，そうしたこの書のいう「回帰」すべき「会計の本来の役割」とは何だろうか。

バルーク・レブ（Baruch Lev）とフェン・グー（Feng Gu）によるこの書は，1980年代末の井尻雄士による三式簿記の提案（Yuji Ijiri, *Momentum Accounting and Triple-Entry Bookkeeping*, 1989 [7]）はこれが真剣に議論されることがなかった，ということを引き合いに出しつつ，ここ100年余りの間における会計の進化の不在，変革の試みの不在を問題視し[8]，種々の「大きな変化があったにもかかわらず，企業の投資家向け財務報告書の構造および内容は過去1世紀にわたり変化することはなかった」[9]として「このこ

---

[4] 同上，4頁。

[5] 同上，4頁。

[6] もっともこうしたことについては「企業の情報開示に関する環境が改善して，会計情報に対する株主の反応が少なくなっただけなので……会計の質が悪くなったという話ではない」（伊藤邦雄，鈴木智英「果たして「会計の再生」は可能か（対談）」『企業会計』第70巻第12号，2018年，19頁（鈴木談））ともされ，あるいは「情報量も増大するなかで，相対的に会計情報の果たす役割，有用性が低下してきた」（同上，19頁（伊藤談））ともされる。

[7] ただし，下記のものもある。
Yuji Ijiri, *Triple-Entry Bookkeeping and Income Momentum*, 1982.

[8] レブ，グー／田中，河内山，野間，円谷，加賀谷，米谷，鈴木，古賀（訳），伊藤（監訳）『会計の再生』27～28頁。

[9] 同上，28頁。

とは，投資家の意思決定において財務情報が担う役割が絶えず損なわれ続けてきたことを示唆している」[10]と断じ，これについて，企業における無形資産の増加，会計における主観的な見積もりと予測の増加，および取引に非ざる事象が企業価値に与える影響の増大（重要な事象の遅延認識・未認識の増加），という三つの原因を挙げている[11]。また，「ボトムラインを忘れよ」[12]として利益という単一の指標への固執を批判する[13]この書は「競争にさらされており，激しい技術変化のある，しばしば複雑なグローバルなビジネス組織を分析するためには，うまく統合された指標と文章情報の包括的なシステムが必要となる」[14]として「戦略的資源・帰結報告書（Strategic Resources & Consequences Report）」と称される「会計ベースの財務諸表を補完し，部分的に追加することを狙いとした報告書」[15]の作成をもって提案し[16]，「会計の再興（re-vitalizing accounting）」[17]のため，無形資産のオン・バランス化，市場取引の少ない資産・負債の評価の回避，および頻度の低い取引の基準化の回避による会計規制の複雑さの緩和，という三つの

---

[10] 同上，29頁。
[11] 同上，109〜151頁。
[12] 同上，158頁。
[13] 同上，158〜159頁。
[14] 同上，159頁。
[15] 同上，161頁。
[16] 同上，161〜176頁。
[17] 同上，271頁。
　　Lev and Gu, *The End of Accounting and the Path Forward for Investors and Managers*, p. 213.

行き方を示している[18]。

一つめの行き方については、オン・バランス化は、現在の購入価格ないし売却価格（公正価値）(current purchase or sale prices (fair values)) ではなく、客観的な取得原価 (objective original costs)、すなわち歴史的原価 (historical values) をもってなされるが、その目的は、貸借対照表の現実性の向上ではなく、企業の業績を示すものとしての損益計算書の地位の恢復にある[19]、とされている点が注目され、なおまた、二つめの行き方についていわく、「価値評価は投資家に任せよう」[20]。

評価は回避されるが、判断は重んじられる。すなわち、詳細な会計基準の設定を控え、経営者と監査人の裁量に任せる、という三つめの行き方は原則主義の行き方にほかならない[21]が、原則主義にもとづく目的指向型の会計基準は複雑性を低め、財務情報の目的適合性を高める[22]ともされるものの、[原則主義vs.細則主義]については「原則主義を採用しても、実際には規則主義

---

18 レブ，グー／田中，河内山，野間，円谷，加賀谷，米谷，鈴木，古賀（訳），伊藤（監訳）『会計の再生』271～291頁。
19 同上，274～275頁。
　Lev and Gu, *The End of Accounting and the Path Forward for Investors and Managers*, p.215.
20 レブ，グー／田中，河内山，野間，円谷，加賀谷，米谷，鈴木，古賀（訳），伊藤（監訳）『会計の再生』282頁。
21 同上，284～289頁。
22 ロバート H. ハーズ／杉本徳栄，橋本尚（訳）『会計の変革——財務報告のコンバージェンス，危機および複雑性に関する年代記』2014年，289頁。

（細則主義）を採用したのと同じ帰結になる」[23] [24] ともされ，また，細則主義については「財務情報作成者や会計専門家の判断の余地を最小化することが財務情報の質的改善をもたらすという考え方は，米国において基準設定関係者だけでなく学界のなかでも非常に根強いものがある」[25] とされ，「経営者の裁量を排除することが利益の質を高めるという考え方は依然として有力」[26] ともされる一方，経営者の裁量と利益情報の有用性の関係については種々の議論がある [27]。

レブとグーの書のいう「回帰」すべき「会計の本来の役割」とは投資意思決定にとって有用な情報の提供にほかならず，会計の再生ないし再興はそうした有用性の恢復にほかならないが，会計情報における信頼性の低下原因となる見積もり・予測による評価を減らし，会計情報に非ざる情報の開示を拡充しつつ，評価はこれを情報利用者が自ら行うものとする，という行き方は畢竟，信頼性の向上による有用性の向上，ということか。

しかしながらまた，会計情報以外の情報を拡充することは「投

---

23 広瀬義州「財務報告基準の視点」広瀬義州（編著）『財務報告の変革』2011年，304頁。
24 「原則主義にもとづく財務報告基準が設定されたとしても，それを実務で実行可能とするために詳細な実務指針等を設定することは，結局，規則主義に基づく財務報告基準を設定したのと実質的に変わらないことになる」（同上，304頁）。
25 澤邉紀生『会計改革とリスク社会』2005年，160頁。
26 同上，162〜163頁。
27 大日方隆「発生・実現・対応」斎藤静樹，徳賀芳弘（責任編集）『体系現代会計学［第1巻］ 企業会計の基礎概念』2011年，271〜274頁。

資家にとって価値関連性のある情報のうちのわずか5％ほど」の「5％」をさらに低下させることになるかもしれず，したがって，レブとグーが企図する会計の再生，すなわち，会計情報以外の情報を拡充することによって企図される会計の再生，というものは畢竟，やはり会計の終焉ではないのだろうか。

会計情報以外の情報，あるいは非財務情報 [28]　「それが会計かどうか，を問題にするのは会計学者だけであって，他の人々にとっては，行われているそれが会計かどうか，などといったことはどうでもよいことである」[29] ともされようが，会計情報と会計情報以外の情報はどのように分類することができようか。

　「会計情報以外の情報」については「非財務情報の典型が，人材・組織因子，イノベーション因子等からなる知的財産情報，環境・社会因子等からなるCSRなどの情報である」[30] とされる「非財務情報」がほぼ同義とも解されようが，「非財務情報を厳密に画定しておく必要がある」[31] とする広瀬義州によれば，非財務情報とは「試算表等式とは無関係な情報」[32]，あるいは「非制度開

28　下記のものも参照。
　　友岡賛『会計学の基本問題』2016年，18〜25頁。
29　友岡賛「会計と会計学のレーゾン・デートル」『企業会計』第71巻第1号，2019年，58頁。
30　広瀬義州「財務報告の意義と課題」広瀬義州，藤井秀樹（責任編集）『体系現代会計学［第6巻］　財務報告のフロンティア』2012年，19頁。
31　同上，20頁。
32　同上，20頁。

示情報または非財務諸表情報」[33]とされ，ただし，制度開示情報であっても非貨幣額情報は非財務情報とされ，すなわち［制度開示非貨幣額情報 ＋ 非制度開示貨幣額情報 ＋ 非制度開示非貨幣額情報 ＝ 非財務情報］とされている[34]が，しかしながら，そもそもこれらを「非財務情報」と総称することの意義が分からない。

しかも，この広瀬説に依拠する円谷昭一が「当該企業に関する情報ではあるものの，財務情報でも非財務情報でもない情報」[35]を「一般情報」と称する[36]に至っては愈々分からない。［○○情報 ＋ 非○○情報 ＝ 情報］という関係が「非」の意味ではないのか。「非財務情報」という呼称の意義が分からない。

他方，［会計情報 ⊆ 貨幣数値情報］ないし［会計情報 ⊂ 貨幣数値情報］とすることはできようか。すなわち，後者は例えば［会計情報 ＝ 複式記録による貨幣数値情報］といったように劃定され，図1の分類によれば，［会計情報以外の情報 ＝ 定性的情報 ＋ 非貨幣数値情報］ないし［会計情報以外の情報 ＝ 定性的情報 ＋ 非貨幣数値情報 ＋ 複式記録によらない貨幣数値情報］として捉えられよう。

---

33 同上，20頁。
34 同上，20〜21頁。
35 円谷昭一「非財務情報の報告」広瀬義州，藤井秀樹（責任編集）『体系現代会計学［第6巻］ 財務報告のフロンティア』2012年，113頁。
36 同上，113頁。

図1 情報の分類

```
         ┌─ 定性的な情報（非数量情報）
   情報 ─┤                              ┌─ 非貨幣数値情報
         └─ 定量的な情報（数量情報） ──┤
                                        └─ 貨幣数値情報 ⊇ 会計情報
```

　ところで，いまさらながら，[財務情報 ≒ 会計情報] なのだろうか。そうであれば，したがって，[財務情報 ≒ 会計情報 ⊂ 貨幣数値情報] なのだろうか。

　しかしながら，「財務情報」についても「非財務情報」についても，例示の類いは多くみられるものの，定義は余りみることができず，例えば「財務情報で表示される財務的・物的資本に対して，人的・知的・社会関係資本といった無形の資本の企業価値に占める割合が高まってきた，という変化」[37]が指摘され，「財務情報のマーケットバリューに対する説明力が大きく低下する反面，非財務情報の有用性が高まっている」[38]とされ，あるいは「従来，企業が発行してきたアニュアルレポートなど財務情報を中心とした報告書と社会責任報告書・CSR報告書・サステナビリティ報告書など非財務情報を中心とした報告書」[39]といった例示的な説明はこれをみることができるが，しかし，「財務情報」とは何か，「非財務情報」とは何か。

　例えば「財務情報」を逐語的に「財務に関する情報」と読み，

---

37 岡本大輔「企業経営における統合報告と統合報告書」『三田商学研究』第58巻第2号，2015年，22頁。
38 同上，23頁。
39 同上，21頁。

これは「おカネに関する情報」と読み替えることもできようし，他方，「貨幣数値情報」は「おカネの額による情報」と読まれ，さすれば，この両者は意味を異にし，したがって，［財務情報 ⊂ 貨幣数値情報］には非ず，ということになろうが，しかしながらまた，「・お・金・で・測・る・こ・と・の・で・き・る・物・的・・・財・務・的・資・産・の・価・値・に加えて，目には見えない人的・知的・社会関係の価値も云々」[40]といった記述に鑑みれば，「財務情報」は「おカネの額による情報」とも捉えられよう。

「おカネに関する情報」，あるいは「おカネの額による情報」，いずれの捉え方の方が有意味だろうか。

ちなみに，前出の広瀬はまずは「一般的なパラダイムとしては，非財務情報を・貨・幣・額・で・測・定・で・き・る・財・務・情・報・以・外・の情報と措定しても問題がないと思われる」[41]としつつも，しかし，「正確な議論をするためには，非財務情報を厳密に画定しておく必要がある」[42]として前出の「非財務情報」の捉え方をもって示しており，他方，古賀智敏は「財務情報と非財務情報とは，前者は財務的パースペクティブに立つのに対して，後者は非財務的パースペクティブに立つ」[43]としつつも，「ごく大まかに言えば，財務的とは・貨・幣・金・額・で・表・示・さ・れ・るものを示すのに対して，非財務的とは貨幣金額以外の物理的尺度で表示されるもの，その他記述情報で記載される

40 　岡本大輔『社会的責任とCSRは違う！』2018年，99頁。
41 　広瀬「財務報告の意義と課題」19頁。
42 　同上，20頁。
43 　古賀智敏「企業レポーティングの拡充化と統合報告の意味するもの」池田光司（編著），古賀智敏（責任編集）『統合報告革命――ベスト・プラクティス企業の事例分析』2015年，9頁。

ものを示すことが多い」[44] としているが,ただし,「学理的には,財務情報とは本来的に企業の受託資本の変動事象に係る財務報告上の情報を包含するのに対して,非財務情報は,受託資本の変動に関係しない社会責任事象を内容とする」[45] として「前者は貨幣資本の投下・回収計算を基本的課題とする」[46] と続けており,これは「おカネに関する情報」だろうか。

会計学者は責任を問われるのか

閑話休題。レブとグーの書が有用性の低下をもって会計の終焉とするのに対し,有用性の偏重を嘆き,「資産・負債を公正価値で再評価し,企業価値を算出して意思決定に有用な情報を投機家たちに提供することが会計の役割であるとする今日的な考え方」[47] を「有用性が先行し,信頼性が二の次になってしまった」[48] として批判する[49] のは渡邉泉の書である。いわく,「会計が危ない」[50]。「包括利益は,意思決定有用性アプローチのもとで,長期にわたる安定した配当を期待する一般株主のための利益ではなく,瞬時の株価の変動によって投機的な利潤を期待する一部の投機家や投資ファンド,あるいは投資アナリストの要求に応えるための利益

---

44 同上,9頁。
45 同上,9頁。
46 同上,9頁。
47 渡邉泉『会計学者の責任――歴史からのメッセージ』2019年,136頁。
48 同上,138頁。
49 同上,第7章。
50 同上,155頁。

である」*51* として「巨額の資本を有する投機家に有用な情報を提供し，彼らにとって有利になるような会計基準を設定し，それを是として貧富の差を助長する基準の設定に関与し，社会の矛盾の拡大に結果的には手を貸してきたことになる会計学者や実務家の社会的・道義的責任が問われることはないのであろうか」*52* とするこの書は，したがって，『会計学者の責任』と題する。

しかしながら，包括利益については「投資家と話していても，アナリストと話していても，包括利益は議題にならない」*53* ともいわれ，あるいは「包括利益の情報は，IASB（International Accounting Standards Board）（国際会計基準審議会）や一部の論者が喧伝しているほど，有用な情報ではない」*54* ともいわれ，あるいは「「取得原価主義 vs. 公正価値主義」あるいは「当期純利益 vs. 包括利益」という構図で情報の有用性の優劣を論じること自体が，この問題の本質を見誤らせることになる。なぜなら，前者におけるストックの取得原価評価は当期純利益の計算を合理的なものにするための副産物であり，後者における包括利益はストックの公正価値評価の結果としての副産物であるからである」*55* ともいわれ，包括利益は「副産物」に過ぎないともされる。

---

51 同上，138頁。
52 同上，139頁。
53 伊藤，鈴木「果たして「会計の再生」は可能か（対談）」22頁（伊藤談）。
54 大日方「発生・実現・対応」262～263頁。
55 辻山栄子「現代会計の危機」『企業会計』第71巻第1号，2019年，18頁。

また,「信頼できるからこそ有用な情報になる」[56]とし,あるいは「信頼性が担保されている情報だからこそ有用になる」[57]とする渡邉が,しかしながら,「有用性が先行し,信頼性が二の次になってしまった」情報をもって「巨額の資本を有する投機家に有用な情報」としているのはどうしてか。

けだし,［信頼性vs.有用性］において有用性を重視する向きが包括利益を選択しているわけではなく,渡邉の批判対象,渡邉の考える批判対象,すなわち,有用性,割引現在価値,および包括利益の支持者,というものは実際に存在するのだろうか。渡邉のいう投機家が求めているのは包括利益かもしれないが,けだし,投機家が知りたいのは包括利益ではなく,投資意思決定において有用性を有することが明らかな純利益[58] [59] [60]ではないだろうか。そもそも包括利益はこれが示されているのは,包括利益を示すため,ではなく,クリーン・サープラス関係の維持のため,であっ

---

56 渡邉『会計学者の責任』96頁。
57 同上,137頁。
58 純利益の情報はこれが投資家にとって有用な情報であることが,実証研究のサーベイにより,確認されている（大日方隆「利益の概念と情報価値（2）——純利益と包括利益」斎藤静樹（編著）『会計基準の基礎概念』2002年,400頁)。

なお,渡邉は「投資家」と「投機家」を峻別しているが,他の多くの論者は「投資家」をより広義に用いている。
59 大日方隆によれば,［純利益vs.包括利益］の関係において,包括利益情報の方が有用性が高い,ということは確認されていない（大日方隆「純利益と包括利益——利益属性と有用性の再検討」『経済学論集』第74巻第4号,2009年,10〜11頁)。
60 ただしまた,「利益情報が有用であるとは,確かにはいえない」（大日方隆「利益情報の有用性」伊藤邦雄,桜井久勝（責任編集）『体系現代会計学［第3巻］ 会計情報の有用性』2013年,115頁。)。

て，これは複式記録が行われているからにほかならない。

　割引現在価値については，渡邉によれば，「取得原価は，取引時点の市場価値，すなわち時価である」[61]とされ，あるいは「取得原価は，取得した時点での現在価値，すなわち市場価値と同質である。したがって，市場価値は，広い意味では取得原価に含まれるといってよい」[62]とされ，それゆえ，時価は是とされ，しかし，将来予測にもとづく割引現在価値は非とされている[63]が，まずは「したがって」の意味が分からない。取得原価は広義の時価である，というなら，その点については理解もできようが，しかし，そうだからといって時価を是とすることには繋がらない[64]。渡邉は「投機家たちにとっては……割引現在価値こそが企業価値の測定にとって最も重要な要素なのである」[65]とし，「現時点の企業価値が将来いくらになるかという情報こそが……投機家にとっては，最も重要な情報になる」[66]と続けているが，しかしながら，他方，「予測は，所詮予測であって……そうした現実と異なる未来情報のどこに有用性があるというのであろうか」[67]としており，けだし，割引現在価値にもとづく情報はこれが投機家に

61 　渡邉『会計学者の責任』92〜93頁。

62 　同上，96頁。

63 　同上，94〜99頁。

64 　ただし，割引現在価値はこれを時価の一つとして捉える向きが少なくないなかにあって，渡邉はこれを時価と峻別している点は筆者と考えを同じくしている（友岡賛『会計学はこう考える』2009年，134〜135, 175〜177頁）。

65 　渡邉『会計学者の責任』148頁。

66 　同上，148〜149頁。

67 　同上，149頁。

とっても有用ではない,ということを,無意識にか,認めている。

なおまた,前出のレブとグーの書における「今日の財務報告書は投資家にとって価値関連性のある情報のうちのわずか5%ほどしか提供できていない」という件(くだり)に注目する渡邉は,投資意思決定における会計情報の有用性が低いのであれば,利益情報の基礎を[取得原価 → 公正価値]と変更することの意味は小さく,投資意思決定にとっても,公正価値情報に非ざる信頼性の高い情報の方が有用ではないだろうか,としている[68]が,これはどのように解するべきか。

有用性と信頼性[69]　有用性と信頼性については[有用性vs.信頼性]と捉えるか,あるいは信頼性を有用性の要素と捉える[70]か,ということによって議論の次元が異なるが,後者は[○○性 + 信頼性 → 有用性]といったように捉えられ,一般には[relevance + 信頼性 → 有用性]として捉えられるものの,この場合,relevance(目的適合性;価値関連性)と有用性の異同はどのように捉えられようか。

けだし,後者の場合,すなわち最上位の概念としての「有用性」は実質的な意味はこれを有さず,「会計の質」を「会計の有用性」と別言しているに過ぎず,他方,[信頼性vs.有用性]の場合の「有用性」は「relevance」とほぼ同義であって,ちなみに,「relevance」には例えば「情報利用者の意思決定に影響を及ぼす

68　同上,178頁。
69　第6章を参照。
70　逆(有用性を信頼性の要素と捉えること)はない。

情報の能力」[71]といった定義があり，あるいは「「目的適合性」とは，情報利用者が合理的な投資その他の意思決定を行うさい，情報利用者の意思決定ニーズに適合することを意味する」[72]とされる。けだし，レブとグーの書における「有用性」は「会計の質」に近く，しかし，渡邉の書における「有用性」には如上の二つの「有用性」の混在がありはしないか。

また，[relevance ＋ 信頼性 → 有用性]にして[relevance vs.信頼性]といった捉え方もありうるが，けだし，この場合も会計の「有用性」は会計の「質」を意味し，「価値関連性を犠牲にして信頼性を向上するというパスを通じて会計情報の有用性を確保することも……信頼性を犠牲にして価値関連性を向上するというパスを通じて会計情報の有用性を確保することも可能である」[73]。

なおまた，前述のように，レブとグーの書に提案される無形資産のオン・バランス化は，公正価値ではなく，客観的な取得原価，すなわち歴史的原価をもってなされるが，これについては「結局のところ，それは，有形の物理的な資産に対して行われている会

---

71 財務会計基準審議会／平松一夫，広瀬義州（訳）『FASB財務会計の諸概念（増補版）』2002年，60頁。
72 内藤文雄「財務報告の意思決定有用性」広瀬義州（編著）『財務報告の変革』2011年，266頁。
73 薄井彰「拡大された会計情報の有用性」伊藤邦雄，桜井久勝（責任編集）『体系現代会計学［第3巻］ 会計情報の有用性』2013年，240頁。

計処理そのものである」[74]と説明され[75]，また，歴史的原価によるオン・バランス化の無意味さを指摘する向きに対していわく，「しかし，貸借対照表から無形資産が完全になくなるよりはま̇し̇だろう」[76]。これは，relevanceと信頼性を秤に掛けて，その落としどころが歴史的原価ということか。

ちなみに，遅れ馳せながら，「信頼性」には例えば「情報には，ほとんど誤謬や偏向が存在していないこと，また表現しようとするものを忠実に表現していることを保証する情報の特性」[77]といった定義がある。

さらに，ここには，歴史的原価会計にあって時価はオフ・バランスなのか，という問題[78]も看取されよう。「まし」との事訳によって，時価（公正価値）(current purchase or sale prices (fair values)) ではなく，歴史的原価をもってオン・バランス化されたとしても，オン・バランス化し̇た̇い̇向きとすれば，果たしてそれでよいのか。オン・バランス化し̇た̇い̇オフ・バランス項目は該資産

---

74 レブ，グー／田中，河内山，野間，円谷，加賀谷，米谷，鈴木，古賀（訳），伊藤（監訳）『会計の再生』274頁。
75 有形資産と無形資産の異同は何か。前章に述べられたように，筆者とすれば，有形資産と無形資産を区別し，別箇に論ずることの意味がよく分からない。
76 レブ，グー／田中，河内山，野間，円谷，加賀谷，米谷，鈴木，古賀（訳），伊藤（監訳）『会計の再生』274～275頁。
77 財務会計基準審議会／平松，広瀬（訳）『FASB財務会計の諸概念（増補版）』60頁。
78 下記のものも参照。
友岡賛『会計学の考え方』2018年，168～172頁。

なのか,それとも該資産の時価(公正価値)なのか。ちなみにまた,「公正価値会計」と称される会計の枠組みは公正価値をオン・バランス化することが目的なのか,あるいはオン・バランス化のために「公正価値」という抽象度の高い概念を用いているのか。

　渡邉は「公正価値」という呼称をもって槍玉に挙げている。いわく,「言葉の魔術である」[79]。

「時価を公正な価値と呼ぶのであれば,時価以外の評価法は,不公正で誤った評価基準ということになる。言葉の魔術である」[80]とし,あるいは「「フェアーな価値」とは,極めて考え抜かれた名称といえよう。なぜなら公正な価格で評価することに,誰も反対することはできないからである」[81]とする渡邉の主張は鞏固ではある[82]。

―――――――――――――

79　渡邉『会計学者の責任』60頁。
80　同上,60頁。
81　同上,153頁。
82　下記のものも参照。
　　友岡賛『会計と会計学のレーゾン・デートル』2018年,第2章。

◀◀ 文献リスト ▶▶

アメリカ会計学会（American Accounting Association）／飯野利夫（訳）『基礎的会計理論』国元書房，1969年。

安藤英義，新田忠誓，伊藤邦雄，廣本敏郎（編集代表）『会計学大辞典（第5版）』中央経済社，2007年。

馬場克三『会計理論の基本問題』森山書店，1975年。

William H. Beaver, *Financial Reporting : An Accounting Revolution*, Prentice-Hall, 1981.

W. H. ビーバー（W. H. Beaver）／伊藤邦雄（訳）『財務報告革命』白桃書房，1986年。

William H. Beaver, *Financial Reporting : An Accounting Revolution*, 3rd ed., Prentice-Hall, 1998.

ウィリアム H. ビーバー（William H. Beaver）／伊藤邦雄（訳）『財務報告革命（第3版）』白桃書房，2010年。

Trevor Boyns and John Richard Edwards, 'The Development of Cost and Management Accounting in Britain,' in Christopher S. Chapman, Anthony G. Hopwood, and Michael D. Shields (eds.), *Handbooks of Management Accounting Research*, Vol. 2, Elsevier, 2006.

Trevor Boyns and John Richard Edwards, *A History of Management Accounting : The British Experience*, Routledge, 2012.

マイク・ブルースター（Mike Brewster）／友岡賛（監訳），山内あゆ子（訳）『会計破綻——会計プロフェッションの背信』税務経理協会，2004年。

千葉準一「資本会計論」武田隆二（編）『財務会計の論点』同文舘出版，1981年。

千葉準一『英国近代会計制度——その展開過程の探究』中央経済社，1991年。

Terry Cooke and Chris Nobes, 'Introduction,' in T. E. Cooke and C. W. Nobes (eds.), *The Development of Accounting in an International Context : A Festschrift in Honour of R. H. Parker*, Routledge, 1997.

醍醐總「財務会計の学び方と学び甲斐」醍醐總(編著)『財務会計論ガイダンス(新版)』中央経済社,2000年。

Ian Dennis, *The Nature of Accounting Regulation*, Routledge, 2014.

J. R. Edwards, *A History of Financial Accounting*, Routledge, 1989.

John Richard Edwards, *A History of Corporate Financial Reporting in Britain*, Routledge, 2019.

江村稔「会計主体の概念について」『會計』第67巻第4号,1955年。

江村稔「代理人会計の理論」『産業經理』第16巻第1号,1956年。

David Flint, *Philosophy and Principles of Auditing : An Introduction*, Macmillan Education, 1988.

デヴィッド・フリント(David Flint)/井上善弘(訳)『監査の原理と原則』創成社,2018年。

藤井秀樹『現代企業会計論——会計観の転換と取得原価主義会計の可能性』森山書店,1997年。

藤井秀樹「会計理論とは何か——アメリカにおけるその役割と進化」『商学論究』第63巻第3号,2016年。

藤井秀樹「概念フレームワークの理論的性質と役割——アメリカ会計理論発達史にみる規範理論の展開」『産業經理』第76巻第3号,2016年。

藤井秀樹『入門財務会計(第3版)』中央経済社,2019年。

藤井則彦『日本の会計と国際会計』中央経済社,1992年。

藤田晶子『無形資産会計のフレームワーク』中央経済社,2012年。

福井義高「会計研究の基礎概念」斎藤静樹,徳賀芳弘(責任編集)『体系現代会計学[第1巻] 企業会計の基礎概念』中央経済社,2011年。

Eldon S. Hendriksen, *Accounting Theory*, Richard D. Irwin, 1965.

エルドン S．ヘンドリクセン(Eldon S. Hendriksen)/飯岡透,飯田修三,大岩弘和,戸田秀雄,小野弓郎,村上仁一郎,市川秀男,早矢仕健

司（訳），水田金一（監訳）『会計学［下巻］』同文舘出版，1971 年。
ロバート H. ハーズ（Robert H. Herz）／杉本徳栄，橋本尚（訳）『会計の変革――財務報告のコンバージェンス，危機および複雑性に関する年代記』同文舘出版，2014 年。
広瀬義州「取得原価主義会計のフレームワーク」田中弘（編著）『取得原価主義会計論』中央経済社，1998 年。
広瀬義州「財務報告基準の視点」広瀬義州（編著）『財務報告の変革』中央経済社，2011 年。
広瀬義州「財務報告の意義と課題」広瀬義州，藤井秀樹（責任編集）『体系現代会計学［第 6 巻］ 財務報告のフロンティア』中央経済社，2012 年。
広瀬義州『財務会計（第 13 版）』中央経済社，2015 年。
久松治夫「会計主体論における資本概念の性格」『駒大経営研究』第 11 巻第 2・3 号，1980 年。
久野秀男『無形資産会計序説』同文舘出版，1969 年。
洪慈乙「リース取引に関する会計の基本問題」『山形大学紀要（社会科学）』第 45 巻第 1 号，2014 年。
飯野利夫『財務会計論（3 訂版）』同文舘出版，1993 年。
井尻雄士『会計測定の理論』東洋経済新報社，1976 年。
池田幸典『持分の会計――負債・持分の区分および資本取引・損益取引の区分』中央経済社，2016 年。
井上良二「繰延資産の原価集合」武田隆二（編）『財務会計の論点』同文舘出版，1981 年。
井上良二「経済の市場化と計算体系」井上良二（編著）『財務会計論（新版改訂版）』税務経理協会，2014 年。
伊崎義憲『会計学論考』創成社，1979 年。
伊藤邦雄「無形資産会計の新展開」伊藤邦雄（編著）『無形資産の会計』中央経済社，2006 年。
伊藤邦雄「無形固定資産」安藤英義，新田忠誓，伊藤邦雄，廣本敏郎（編集代表）『会計学大辞典（第 5 版）』中央経済社，2007 年。

伊藤邦雄「実証的会計研究の進化」伊藤邦雄，桜井久勝（責任編集）『体系現代会計学［第3巻］　会計情報の有用性』中央経済社，2013年。
伊藤邦雄『新・現代会計入門（第3版）』日本経済新聞出版社，2018年。
伊藤邦雄，鈴木智英「果たして「会計の再生」は可能か（対談）」『企業会計』第70巻第12号，2018年。
伊藤博『管理会計の世紀』同文舘出版，1992年。
岩崎勇『IFRSの概念フレームワーク』税務経理協会，2019年。
H. T. ジョンソン（H. Thomas Johnson），R. S. キャプラン（Robert S. Kaplan）／鳥居宏史（訳）『レレバンス・ロスト――管理会計の盛衰』白桃書房，1992年。
神森智「無形固定資産」黒澤清（編集代表）『会計学辞典』東洋経済新報社，1982年。
笠井昭次『会計の論理』税務経理協会，2000年。
笠井昭次「評価規約における収益費用観・資産負債観の意義――意思決定有用性学説（1）」『三田商学研究』第61巻第5号，2018年。
笠井昭次「評価規約における収益費用観・資産負債観の意義――意思決定有用性学説（2）」『三田商学研究』第61巻第6号，2019年。
片岡泰彦『イタリア簿記史論』森山書店，1988年。
片岡泰彦「複式簿記の誕生とパチョーリ簿記論――イタリア簿記史」平林喜博（編著）『近代会計成立史』同文舘出版，2005年。
片岡泰彦「複式簿記の生成・発展と「パチョーリ簿記論」への展開」千葉準一，中野常男（責任編集）『体系現代会計学［第9巻］　会計と会計学の歴史』中央経済社，2012年。
片岡泰彦「ドイツ式簿記とイタリア式簿記――フッガー家の会計制度と16～19世紀のドイツ簿記書」中野常男，清水泰洋（編著）『近代会計史入門』同文舘出版，2014年。
加藤盛弘「『会計学原理』・『会計理論』」宮上一男（編）『会計学講座［第5巻］　ペイトン研究（改訂版）』世界書院，1979年。
河合秀敏『現代監査の論理』中央経済社，1979年。
河合秀敏『監査入門』税務経理協会，1983年。

河﨑照行「本書の問題意識と研究課題」（編著）『会計制度のパラダイムシフト――経済社会の変化が与える影響』中央経済社，2019年。

河﨑照行「経済社会と会計理論の変化の諸相」（編著）『会計制度のパラダイムシフト――経済社会の変化が与える影響』中央経済社，2019年。

上總康行『アメリカ管理会計史［上巻］ 萌芽期―生成期』同文舘出版，1989年。

トーマス A. キング（Thomas A. King）／友岡賛（訳）『歴史に学ぶ会計の「なぜ？」――アメリカ会計史入門』税務経理協会，2014年。

古賀智敏『情報監査論』同文舘出版，1990年。

古賀智敏『知的資産の会計――マネジメントと測定・開示（改訂増補版）』千倉書房，2012年。

古賀智敏「企業レポーティングの拡充化と統合報告の意味するもの」池田光司（編著），古賀智敏（責任編集）『統合報告革命――ベスト・プラクティス企業の事例分析』税務経理協会，2015年。

古賀智敏「変化の中での企業会計の系譜と発展――経済のグローバル化・ソフト化・多様化の中で企業会計はいかに変容し，また変容しようとしているか」古賀智敏（編著）『会計研究の系譜と発展』千倉書房，2019年。

國部克彦「会計・責任・制度② 会計と不平等」『書斎の窓』第663号，2019年。

小宮靖夫「会計における基本的前提としての会計主体」『立教経済学研究』第46巻第2号，1992年。

神戸大学会計学研究室（編）『会計学辞典（第6版）』同文舘出版，2007年。

黒澤清（編集代表）『会計学辞典』東洋経済新報社，1982年。

桑原正行『アメリカ会計理論発達史――資本主理論と近代会計学の成立』中央経済社，2008年。

Tom Lee, *Corporate Audit Theory*, Chapman & Hall, 1993.

Baruch Lev and Feng Gu, *The End of Accounting and the Path Forward for Investors and Managers*, John Wiley & Sons, 2016.

バルーク・レブ（Baruch Lev），フェン・グー（Feng Gu）／田中優希，

河内山拓磨，野間幹晴，円谷昭一，加賀谷哲之，米谷健司，鈴木智大，古賀裕也（訳），伊藤邦雄（監訳）『会計の再生——21世紀の投資家・経営者のための対話革命』中央経済社，2018年。

A. C. Littleton, *Accounting Evolution to 1900*, American Institute Publishing Co., 1933.

A. C. Littleton, 'Accounting Rediscovered,' *The Accounting Review*, Vol. 33, No. 2, 1958.

リトルトン（A. C. Littleton）／片野一郎（訳），清水宗一（助訳）『会計発達史（増補版）』同文舘出版，1978年。

三澤一『監査の新時代——統一理論を目指して』東洋経済新報社，1985年。

宮上一男「ペイトン会計理論の性質」宮上一男（編）『会計学講座［第5巻］ ペイトン研究（改訂版）』世界書院，1979年。

森實「社会的期待とゴーイング・コンサーン監査」『會計』第136巻第3号，1989年。

森田哲彌「実現概念・実現主義に関するノート」『一橋論叢』第83巻第1号，1980年。

森田哲彌「原価主義会計の問題点」森田哲彌（責任編集）『体系近代会計学［第8巻］ インフレーション会計』中央経済社，1982年。

村瀬儀祐「初期ペイトン理論の基盤」宮上一男（編）『会計学講座［第5巻］ ペイトン研究（改訂版）』世界書院，1979年。

村田英治「会計主体論の虚実」『會計』第144巻第6号，1993年。

村田英治「会計制度とエンティティ概念」『経理研究』第51号，2008年。

村田英治「会計主体論と利益概念」『會計』第180巻第5号，2011年。

内藤文雄「財務報告の意思決定有用性」広瀬義州（編著）『財務報告の変革』中央経済社，2011年。

中島省吾『「会社会計基準序説」研究』森山書店，1979年。

中川豊隆「Value Relevanceとは何か」『岡山大学経済学会雑誌』第47巻第2号，2016年。

中山重穂『財務報告に関する概念フレームワークの設定財務情報の質的特

性を中心として』成文堂, 2013年。

日本会計研究学会特別委員会（委員長・三矢裕）「知の活用・探索と管理会計に関する研究（中間報告）」2018年。

野口倫央「研究開発投資の適切な会計処理は？」『会計人コース』第54巻第8号, 2019年。

大日方隆「利益の概念と情報価値（2）──純利益と包括利益」斎藤静樹（編著）『会計基準の基礎概念』中央経済社, 2002年。

大日方隆「純利益と包括利益──利益属性と有用性の再検討」『経済学論集』第74巻第4号, 2009年。

大日方隆「発生・実現・対応」斎藤静樹, 徳賀芳弘（責任編集）『体系現代会計学［第1巻］ 企業会計の基礎概念』中央経済社, 2011年。

大日方隆「利益情報の有用性」伊藤邦雄, 桜井久勝（責任編集）『体系現代会計学［第3巻］ 会計情報の有用性』中央経済社, 2013年。

岡本大輔「企業経営における統合報告と統合報告書」『三田商学研究』第58巻第2号, 2015年。

岡本大輔『社会的責任とCSRは違う！』千倉書房, 2018年。

大森明「会計領域の拡大の軌跡と展望」『横浜経営研究』第33巻第1号, 2012年。

大堺利実『会計主体論』創成社, 1988年。

大塚成男「IAS 38号「無形資産」」伊藤邦雄（編著）『無形資産の会計』中央経済社, 2006年。

大塚成男「自己創設無形資産の否定──「コア預金取扱権（CDI）」を題材として」伊藤邦雄（編著）『無形資産の会計』中央経済社, 2006年。

大塚俊郎「財務諸表の発展と会計主体観」『産業經理』第16巻第1号, 1956年。

朴大栄「無形固定資産」神戸大学会計学研究室（編）『会計学辞典（第6版）』同文舘出版, 2007年。

R. H. Parker, 'Basil Yamey, Accounting Historian,' *Accounting, Business & Financial History*, Vol. 6, No. 3, 1996.

R. H. パーカー(R. H. Parker)／友岡賛,小林麻衣子(訳)『会計士の歴史』慶應義塾大学出版会,2006年。

W. A. Paton and A. C. Littleton, *An Introduction to Corporate Accounting Standards*, American Accounting Association, 1940.

ペイトン(W. A. Paton),リトルトン(A. C. Littleton)／中島省吾(訳)『会社会計基準序説(改訳版)』森山書店,1958年。

S. H. ペンマン(Stephen H. Penman)／荒田映子,大雄智,勝尾裕子,木村晃久(訳)『アナリストのための財務諸表分析とバリュエーション(原書第5版)』有斐閣,2018年。

齋藤雅子「概念フレームワークと会計主体」『大阪産業大学経営論集』第11巻第2号,2010年。

榊原英夫『規範的財務会計論——原価主義・時価主義・価値主義会計論の検討』同文舘出版,1986年。

桜井久勝『会計利益情報の有用性』千倉書房,1991年。

桜井久勝「資本市場研究の課題と展望」伊藤邦雄,桜井久勝(責任編集)『体系現代会計学[第3巻] 会計情報の有用性』中央経済社,2013年。

桜井久勝『財務会計講義(第19版)』中央経済社,2018年。

佐々木隆志『監査・会計構造の研究——通時態の監査論』森山書店,2002年。

佐藤宗彌「無形資産」黒澤清(編集代表)『会計学辞典』東洋経済新報社,1982年。

澤邉紀生『会計改革とリスク社会』岩波書店,2005年。

R. W. スキャペンズ(R. W. Scapens)／山口年一(監修)／碓氷悟史,菊谷正人(訳)『インフレーション会計——財務会計情報と管理会計情報』白桃書房,1987年。

白石和孝『知的無形資産会計』新世社,1997年。

David Solomons, 'The Historical Development of Costing,' in David Solomons (ed.), *Studies in Costing*, Sweet & Maxwell, 1952.

鈴木一道『イギリス管理会計の発展』森山書店,2001年。

武田隆二『連結財務諸表』国元書房, 1977 年。

竹井芳雄『我が国の資産評価の歴史的変遷とその現代的意義——取得原価基準・時価基準・低価基準』竹井芳雄, 1995 年。

瀧田輝己『体系監査論』中央経済社, 2014 年。

田中弘（編著）『取得原価主義会計論』中央経済社, 1998 年。

田中建二『オフバランス取引の会計』同文舘出版, 1991 年。

田中茂次『現代会計の構造』中央経済社, 1976 年。

田中茂次『物価変動会計の基礎理論』同文舘出版, 1989 年。

田中隆雄『管理会計発達史——アメリカ巨大製造会社における管理会計の成立』森山書店, 1982 年。

鳥羽至英, 秋月信二『監査の理論的考え方——新しい学問「監査学」を志向して』森山書店, 2001 年。

鳥羽至英, 秋月信二『監査を今, 再び, 考える』国元書房, 2018 年。

友岡賛「「客観性概念」論＜その１＞——伝統的な解釈を中心に」『三田商学研究』第 30 巻第 2 号, 1987 年。

友岡賛『近代会計制度の成立』有斐閣, 1995 年。

友岡賛『歴史にふれる会計学』有斐閣, 1996 年。

友岡賛『株式会社とは何か』講談社現代新書, 1998 年。

友岡賛「会計とはなんだろう」友岡賛（編）『会計学の基礎』有斐閣, 1998 年。

友岡賛『会計の時代だ——会計と会計士との歴史』ちくま新書, 2006 年。

友岡賛『なぜ「会計」本が売れているのか？』税務経理協会, 2007 年。

友岡賛『会計学はこう考える』ちくま新書, 2009 年。

友岡賛『会計士の誕生——プロフェッションとは何か』税務経理協会, 2010 年。

友岡賛「桑原正行著『アメリカ会計理論発達史——資本主理論と近代会計学の成立』（書評）」『経営史学』第 45 巻第 3 号, 2010 年。

友岡賛『会計学原理』税務経理協会, 2012 年。

友岡賛『会計学の基本問題』慶應義塾大学出版会, 2016 年。

友岡賛『会計と会計学のレーゾン・デートル』慶應義塾大学出版会, 2018

年。
友岡賛『会計の歴史（改訂版）』税務経理協会，2018年。
友岡賛『日本会計史』慶應義塾大学出版会，2018年。
友岡賛『会計学の考え方』泉文堂，2018年。
友岡賛「会計と会計学のレーゾン・デートル」『企業会計』第71巻第1号，2019年。
辻山栄子「現代会計の危機」『企業会計』第71巻第1号，2019年。
円谷昭一「非財務情報の報告」広瀬義州，藤井秀樹（責任編集）『体系現代会計学［第6巻］ 財務報告のフロンティア』中央経済社，2012年。
角ヶ谷典幸「歴史的原価会計は危機に瀕しているのか」『企業会計』第71巻第1号，2019年。
上野清貴「会計の本質としての会計責任論」『経理研究』第60号，2018年。
梅原秀継『のれん会計の理論と制度――無形資産および企業結合会計基準の国際比較』白桃書房，2000年。
薄井彰「拡大された会計情報の有用性」伊藤邦雄，桜井久勝（責任編集）『体系現代会計学［第3巻］ 会計情報の有用性』中央経済社，2013年。
若杉明『企業利益の測定基準』中央経済社，1985年。
Liz Warren and John Burns, 'The Role of the Management Accountant in Britain,' in Lukas Goretzki and Erik Strauss (eds.), *The Role of the Management Accountant : Local Variations and Global Influences*, Routledge, 2018.
渡邉泉『会計学の誕生――複式簿記が変えた世界』岩波書店，2017年。
渡邉泉「会計学者の責任――歴史からのメッセージ」『産業經理』第78巻第2号，2018年。
渡邉泉『会計学者の責任――歴史からのメッセージ』森山書店，2019年。
山口操「企業と管理会計」山口操（編著）『エッセンス管理会計』中央経済社，2001年。
山桝忠恕「ビジネス・エンティティ論への反省――会計主体論との関連に

おける」『産業經理』第16巻第1号,1956年。
山桝忠恕『近代会計理論』国元書房,1963年。
山桝忠恕『近代監査論』千倉書房,1971年。
山下正喜「有価証券の原価集合」武田隆二(編)『財務会計の論点』同文舘出版,1981年。
山内暁『暖簾の会計』中央経済社,2010年。
山浦久司『会計監査論(第5版)』中央経済社,2008年。
Basil S. Yamey, *Art & Accounting*, Yale University Press, 1989.
與三野禎倫「インタンジブルズ実証研究の過去・現在・未来」古賀智敏(編著)『会計研究の系譜と発展』千倉書房,2019年。
Joni J. Young, 'Making Up Users,' *Accounting, Organizations and Society*, Vol. 31, No. 6, 2006.
百合野正博『会計監査本質論』森山書店,2016年。
百合野正博「会計専門職としての監査人の誕生」『企業会計』第70巻第1号,2018年。
財務会計基準審議会(Financial Accounting Standards Board)/平松一夫,広瀬義州(訳)『FASB財務会計の諸概念(増補版)』中央経済社,2002年。

索 引

あ行

相手勘定　176,177
アメリカ　39,45,57,58,61,62,63,64,65,74,126,127,146
イギリス　29,30,31,32,33,34,38,39,41,58,62,64,65,68,73
意思決定有用性アプローチ
　125,126,130,132,133,138,139,192
運用　39,41,42,44,45,46,97,110,111,112,116,118,153
オフ・バランス　19,24,53,138,169,174,175,198
オン・バランス　18,19,20,138,169,174,185,186,197,198,199

か行

会計学　2,9,11,12,13,14,16,17,18,20,22,24,25,30,44,70,71,72,99,127,135,143,144,146,147,150,156,158,167,168,174,188,192,193
会計基準　34,85,127,128,129,130,131,132,133,134,143,144,147,148,150,158,163,170,171,180,193
会計史　29,30,32,45,57,58,63
会計主体論　13,14,15,16,108,118,132,143,144,145,148,151,156,157,158,159
会計責任　35,37,41,43,45,46,47,49,51,103,104,105,107,108,109,110,111,112,113,114,115,116,117,118,119,120,121
会計の対象　13,16,21
会計理論　17,18,35,127,135,136,137,138,143,147,150,151,152,153
会社法　31,33,34,36,37,39,40,42,47,48,49,50,53,73
概念フレームワーク　33,41,127,129,130,131,132,134,138
価値関連性　52,169,183,184,188,195,197
株式配当　16,17
貨幣資本　152,153,154,192
貨幣数値情報　189,190,191
慣行　31,126,130
監査　11,30,35,36,37,40,41,42,48,49,50,51,67,73,83,103,104,105,106,107,109,110,111,112,113,114,115,118,120,121,186
管理　35,40,45,46,59,61,62,63,64,75,80,94,96,110,111,112,114,115,116,148,156
管理会計　57,58,59,60,61,62,63,64,65,67,68,69,70,73,74,75
管理会計史　57

管理会計論　　65,68
機会費用　　44
企業主体説　　13,14,15,16,119,143,144,145,146,149,150,153
企業体説　　13,14,16,108,119,120,146,155
企業の資本主からの独立　　146
規範理論　　138
規範論　　132,133,134,145,158
客観性　　43,44,81,82,83,84,85,88,93,95,97
客観的に存在する数値　　85
客観的に決定された数値　　84,85
繰延資産　　17,18,172
原価計算　　58,64,66,67,69
原則主義　　129,131,132,186
コア預金取扱権　　176
公正価値　　186,192,193,196,197,198,199
固定資産　　33,74,164,166,167,168,171

さ行

財務会計　　16,30,32,36,46,49,57,58,62,68,69,70,73,74,128
財務情報　　35,96,135,183,185,186,187,189,190,191,192
財務諸表監査　　84,103,110,114
自己株式　　16,17
自己創設暖簾　　21,22,173,174,175,176,177,179
市場原理 vs. 規制　　46

実現　　23,72,83,84,90,91,92,92,94,137,157,177,178,179
実践　　15,29,30,31,33,34,35,47,50,61,65,66,68,69,70,126,127,130,133
実質優先の原則　　19,20
実証研究　　132,133,134,135
実態監査　　114
資本化　　174
資本と経営の分離　　49,105,119,146
資本主説　　13,14,15,119,143,144,145,146,149,155,156,159,178
社債の借り換え　　16,18
社債発行差金　　16,17,18
自由放任主義　　31,33,36,48,51
受託責任　　41,42,43,44,45,84,93,104,105,110,111,112,114,115,116,117,119
取得原価　　23,43,44,45,53,79,84,85,88,90,96,98,153,155,170,172,186,193,194,195,196,197
取得原価主義　　43,44,79,80,81,82,83,86,90,92,93,94,95,97,98,99,152,153,154,193
『取得原価主義会計論』　　79,81,83,99
証拠　　43,83,84,85,86,87,88,170
情報監査　　110,114
情報利用者　　37,47,52,80,126,127,128,136,187,196,197

処分可能利益　　*83,84,90,92,
　95*
信頼性　　*83,84,85,103,109,
　111,135,136,137,138,166,
　170,171,187,192,194,196,
　197,198*
stewardship　　*38,39,40,41,42,
　43,44,45,52,53,54,84,93,
　94,95,96,97,98,110*
測定可能性　　*91,92,166,177*

た行

退職給付　　*19,20*
代理人説　　*13,14,119,120,145,
　146,149,151,152,154,155*
代理理論　　*35,36,37,41,46,49,
　52*
通史　　*29,30,32,36,38,46,52,
　68*
低価法　　*23,24*
定款　　*37,47,49,50,51*
投資意思決定　　*41,53,98,137,
　187,194,196*
独立性　　*118,120,121*

な行

二重責任の原則　　*104,106,118*
任意規定期　　*36,37*
暖簾　　*21,22,172,173,174,175,
　178,179,180*

は行

非貨幣性　　*164,171*
被監査責任　　*107,115,117*
非財務情報　　*188,189,190,191,
　192*
必要性の論理　　*157,158*
フィニッシング・タッチ　　*112,
　113*
不確実性　　*166*
複式　　*24,25,31,38,57,61,72,
　73,175,177,189,195*
包括利益　　*192,193,194*
保守的　　*170,171*
保全　　*41,42,43,44,45,62,94,
　95,113,114,156*

ま行

無形資産　　*163,164,165,166,
　167,168,169,170,171,172,
　176,180,185,197,198*
無形資産会計論　　*163,168,172,
　180*
目的適合性　　*69,135,136,137,
　138,186,196,197*

や行

有用性　　*19,23,35,38,40,41,
　52,53,126,130,133,134,135,
　137,144,163,183,187,190,
　192,193,194,195,196,197*

ら行

リース　　*13,18,19,174,175*
理論　　*33,46,65,66,68,69,70,
　118,119,127,129,130,131,
　132,133,135,138,139,143,
　144,146,147,148,157,158*
歴史的原価主義　　*79,126,130*
relevance　　*69,196,197,198*

連結会計主体論 *14, 15, 16*

わ行

渡邉泉 *72, 192*

◀◀ 著者紹介 ▶▶

友岡 賛 （ともおか すすむ）

慶應義塾大学卒業。
慶應義塾大学助手等を経て慶應義塾大学教授。
博士（慶應義塾大学）。

著書等（分担執筆書の類いは除く。）
『近代会計制度の成立』有斐閣，1995 年
『アカウンティング・エッセンシャルズ』（共著）有斐閣，1996 年
『歴史にふれる会計学』有斐閣，1996 年
『株式会社とは何か』講談社現代新書，1998 年
『会計学の基礎』（編）有斐閣，1998 年
『会計破綻』（監訳）税務経理協会，2004 年
『会計プロフェッションの発展』有斐閣，2005 年
『会計士の歴史』（共訳）慶應義塾大学出版会，2006 年
『会計の時代だ』ちくま新書，2006 年
『「会計」ってなに？』税務経理協会，2007 年
『なぜ「会計」本が売れているのか？』税務経理協会，2007 年
『会計学』（編）慶應義塾大学出版会，2007 年
『六本木ママの経済学』中経の文庫，2008 年
『会計学はこう考える』ちくま新書，2009 年
『会計士の誕生』税務経理協会，2010 年
『就活生のための企業分析』（編）八千代出版，2012 年
『ルカ・パチョーリの『スムマ』から福澤へ』（監修）慶應義塾図書館，2012 年
『会計学原理』税務経理協会，2012 年
『歴史に学ぶ会計の「なぜ？」』（訳）税務経理協会，2015 年
『会計学の基本問題』慶應義塾大学出版会，2016 年
『会計の歴史』税務経理協会，2016 年（改訂版，2018 年）
『会計と会計学のレーゾン・デートル』慶應義塾大学出版会，2018 年
『日本会計史』慶應義塾大学出版会，2018 年
『会計学の考え方』泉文堂，2018 年

会計学の地平

2019年12月30日　初版第1刷発行

著　者　友岡　賛
発行者　大坪　克行
発行所　株式会社　泉　文　堂
　　　　〒161-0033　東京都新宿区下落合1-2-16
　　　　電話 03-3951-9610　FAX 03-3951-6830

印刷所　税経印刷株式会社
製本所　牧製本印刷株式会社

本書の無断複写は著作権法上での例外を除き禁じられています。複写される場合は，そのつど事前に，（社）出版者著作権管理機構（電話 03-3513-6969, FAX 03-3513-6979, e-mail : info@jcopy.or.jp）の許諾を得てください。

JCOPY ＜（社）出版者著作権管理機構 委託出版物＞

© 友岡 賛　2019　　　　　　　Printed in Japan（検印省略）

ISBN 978-4-7930-0623-4　C3034